泰山金融论丛

THE IMPACT OF FOREIGN STRATEGIC INVESTORS ON
BANK TOP EXECUTIVES' COMPENSATION

境外战略投资者对银行高管薪酬激励约束效应的研究

石　宁◎著

中国财经出版传媒集团

经济科学出版社
Economic Science Press

图书在版编目（CIP）数据

境外战略投资者对银行高管薪酬激励约束效应的研究／
石宁著 . —北京：经济科学出版社，2021. 11
（泰山金融论丛）
ISBN 978 - 7 - 5218 - 3215 - 0

Ⅰ . ①境… Ⅱ . ①石… Ⅲ . ①外商投资 - 影响 - 银行
业 - 管理人员 - 劳动报酬 - 研究 - 中国 Ⅳ . ①F832. 3

中国版本图书馆 CIP 数据核字（2021）第 254942 号

责任编辑：刘　悦
责任校对：刘　娅
责任印制：邱　天

境外战略投资者对银行高管薪酬激励约束效应的研究

石　宁　著

经济科学出版社出版、发行　新华书店经销

社址：北京市海淀区阜成路甲 28 号　邮编：100142

总编部电话：010 - 88191217　发行部电话：010 - 88191522

网址：www. esp. com. cn

电子邮箱：esp@ esp. com. cn

天猫网店：经济科学出版社旗舰店

网址：http：//jjkxcbs. tmall. com

北京时捷印刷有限公司印装

710 × 1000　16 开　11. 5 印张　200000 字

2022 年 4 月第 1 版　2022 年 4 月第 1 次印刷

ISBN 978 - 7 - 5218 - 3215 - 0　定价：58. 00 元

（图书出现印装问题，本社负责调换。电话：010 - 88191510）

（版权所有　侵权必究　打击盗版　举报热线：010 - 88191661

QQ：2242791300　营销中心电话：010 - 88191537

电子邮箱：dbts@ esp. com. cn）

前　　言

　　2008 年国际金融危机使人们认识到，由于对金融业高管缺乏有效的激励约束机制，使其在获取天价薪酬的同时采取高风险行为，不仅严重侵占了金融机构的利益，而且会引发系统性风险，在一定程度上触发金融危机。因此，制定有效的高管激励和约束机制已成为全球银行业必须解决的问题。

　　我国银行业一直以来垄断特征强、国有化程度高，对银行高管的激励约束也相对薄弱。2002 年，我国确立了全面推进银行向股份制商业银行改造的改革方向，并采取了引进境外投资者的重大战略举措，旨在促使中资银行建立健全公司治理结构，学习境外银行管理经验，转变成具有法人地位的现代商业银行。而在此过程中，银行高管薪酬契约作为决定管理层行为的重要制度，成为机构投资者积极参与公司治理、降低代理成本、提升绩效的重要途径。

　　基于上述现象，本书研究的重点就是，引入境外战略投资者后，我国商业银行的高管层被有效地激励并约束了吗？银行高管层的薪酬水平和薪酬激励性如何变化？银行高管层的在职消费、过度薪酬支付等现象是否被约束？银行高管面临薪酬契约的变化又会做出怎样的反应？最终对银行的经营绩效有何影响？本书希望能够通过深入剖析境外战略投资者对银行高管薪酬的具体影响，探究境外战略投资者影响我国银行的内在机制，并对引入境外战略投资者的政策效果进行客观评估和归纳总结，进而提供针对性的对策建议。

　　首先，对境外战略投资者进行资料尽调并归纳总结。在文献研究方面，重点梳理机构投资者与高管层显性薪酬激励机制、隐性薪酬约束机制，以及经济后果等方面的文献，为本书的理论分析提供文献参考依据。在实践探索方面，梳理我国银行引入境外战略投资者的具体实践，重点研究银行引入境外战略投资者的诉求、境外战略投资者进入的方式、双方合作框架内涵，根据境外战略投资者实践情况深入剖析现实，为本书的理论分析和实证设计提供现实依据。

其次，在资料归纳的基础上，对境外战略投资者与银行高管薪酬契约之间的关系进行理论分析，并构建研究的理论框架。借鉴前人研究，分别提出了两个理论模型：机构投资者对高管层显性薪酬激励机制模型，以及机构投资者对高管层隐性薪酬约束机制博弈模型，为之后实证分析提供了必要的理论支持。

再其次，基于理论分析，以境外战略投资者持股情况、向董事会派驻外资股东董事情况和提供公司治理经验三个角度作为境外战略投资者的参与路径和程度，对境外战略投资者与银行高管显性薪酬、隐性薪酬之间的关系进行实证检验，以及对境外战略投资者改变银行高管薪酬契约的经济后果进行实证检验。

最后，结合现实中银行发展现状，根据本书的研究结论，给出合理可行的政策建议。第一，建议银行监管当局从侧重监管具体业务向注重监管银行公司治理的转变，加快解决银行业公司治理和管理体制的深层次问题，提高银行财务信息质量，为银行稳健运营奠定良好的体制基础。第二，我国商业银行应积极引入战略投资者，监管部门应促进我国商业银行继续深化股权改革，鼓励更多的银行加入战略引资阵营，并将薪酬机制设计作为重要抓手，从而更顺利地实现"引资""引制""引智"的战略目标，提高银行的效率水平。第三，商业银行在进行战略引资时，既要有宏观战略思维，也要有微观路径选择，应着重关注战略投资者的动机与意图，继续多元化股权结构、改变董事会成员结构，同时也关注战略投资者和商业银行签署的具体合作协议内容等。

本书基于多个维度考察了境外战略投资者参与路径和程度对银行高管薪酬激励机制和约束机制的影响，这不但能够为衡量境外战略投资者改善公司治理效果提供重要视角，也能为客观评价我国银行业改革成效提供依据。这对于我们总结改革经验、继续推进银行业发展具有重要的现实意义和政策意义，可以为中国银行业进一步深化改革和扩大对外开放提供重要的参考依据和政策建议。希望本书的工作能为读者从薪酬激励视角探究境外战略投资者的治理效应提供一定的启发。

石 宁

2022 年 3 月

目　　录

第1章 绪 论

1.1 选题背景

1.1.1 银行高管薪酬被有效激励并约束了吗

商业银行一直以来都是中国金融业重要的主体之一，银行体系的正常运营直接关系到中国经济的持续健康发展，从 2003 年起我国银行业确立了全面向股份制商业银行改造推进的改革方向。股份制公司的重要特征就是所有权与经营权分离，股东不能全面监督管理层的经营决策行为。而管理者并不一定是股东利益（公司价值）最大化的执行者（Fama，1980），因此，管理者为了最大化自身利益，侵犯所有者利益的现象时有发生，这是现代股份制企业普遍存在的委托代理问题，主要表现在以下两个方面。一方面，企业管理层更偏好享受"在职消费津贴"，为了最大化自身利益，企业高管更愿意利用其在企业的地位，把企业财富用于个人消费，享受超额的公务津贴、豪华的办公环境等，这些不必要的支出必然会提升企业的成本，降低盈余水平，攫取企业所有者的利益；另一方面，高管层更关注短期利益，具有"短期行为"偏好，为了得到较高水平的固定薪酬和其他激励性的业绩薪酬，高管层往往更关注任期内企业绩效的提升，从而牺牲了企业的长期利益，损害了股东及其他利益相关者的权益。如果高管层激励契约的安排未能充分将管理层与所有者的利益一致化，且未能对高管层人员机会主义行为进行有效的约束和监督，则会导致严重的委托代理问题。因此，解决委托代理问题的关键举措在于制定有效的高管激励和约束机制。

2007 年次贷危机的爆发，也使我们进一步认识到有效激励金融业高管的重要性。由于缺乏有效的监督约束，金融业高管层在获取天价薪酬的同时采取高风险行为，严重侵占了企业利益，理论界和实务界对降低高管层的天价薪酬、减少企业承担过多风险的呼声越来越高。2010 年 7 月 8 日，欧洲通过了限制银行高管层薪酬的新法规，旨在通过实施与业绩和风险挂钩的延期支付薪酬政策①，以抑制银行高管层的过激行为。与此同时，我国财政部也针对银行颁布了限薪令，且 2010 年 2 月 21 日银监会公布了《商业银行稳健薪酬监管指引》的新规，规定薪酬机制要与银行公司治理要求相统一，建立健全科学合理的薪酬管理组织架构和绩效考核指标体系，合理的薪酬管理组织架构包括薪酬管理委员会的结构、权限和决策程序，有效的薪酬监督机制以及全面、及时、客观、翔实的高管层薪酬的信息披露情况，建立包含经济效益指标、风险成本控制指标和社会责任指标的合理薪酬绩效考核指标。并且在新规第三章中特别指出，鼓励建立中长期激励机制，实施延期支付政策②。

上述内容说明监管层已经将激励约束银行高管上升到政策指导的高度，体现了激励约束高管对于改善银行绩效、提升金融安全的重要性。近年来，在政策助推和监管意向的指导下，我国中资商业银行在薪酬机制方面做了一些积极的探索，已经开始注重薪酬的激励作用，逐步建立了薪酬与考核委员会，加强了对银行高管层的考评与薪酬激励，部分银行甚至聘请了国际知名的专业咨询公司设计高管层薪酬方案；同时，随着一些中资银行先后在香港与内地成功上市，建立起股东大会、董事会、监事会、高级管理人员为主体的组织架构，形成了公司治理制度安排，积极探索有效的高管激励机制；此外，很多银行还注重淡化"官本位"色彩，开始实行市场化的人力资源定价机制和岗位竞聘制度，积极探索科学合理的绩效考核体系。但由于历史、体制等多方面因素的影响，中资银行的薪酬激励机制设计并没有取得实质性的突破，仍然存在一些问题。中资银行薪酬激励形式较为单一，更多是采取工资加绩效奖金的激励，忽视了对高管层长期薪酬激励，而这样的薪酬结构使

---

① 根据该草案，欧盟给予银行高管层现金形式的红利发放将会大幅度降低，将整体的现金分红比例严格限制在总额的 30% 以内，如果数额特别大，将会限制到 20%。同时，新法规还规定，最低 40% 的绩效奖金要延迟 3~5 年支付，而且和长期的业绩表现与风险水平等相关，根据长期情况决定现金红利是否发放。

② 对商业银行高级管理人员以及对风险有重要影响岗位上的员工，其绩效薪酬的 40% 以上应采取延期支付的方式，且延期支付期限一般不少于 3 年，其中，主要高级管理人员绩效薪酬的延期支付比例应高于 50%，有条件的应争取达到 60%。在延期支付时段中必须遵循等分原则，不得前重后轻，并根据长期情况决定延期支付奖金的发放。

高管层更加关注眼前利益与短期业绩增长，无法激励其长期行为，无法达到较好的激励效果，更有甚者，由于高管层权力较大，导致高管一些不合理行为的发生，在职消费数目惊人。因此，如何设计最优的高管薪酬激励约束机制使委托代理成本最小化，是促进我国银行业改革的重要内容之一。

1.1.2　境外战略投资者的引进

本书的研究目的是考察境外战略投资者对激励和约束银行高管的作用，接下来我们将阐述为何要研究境外战略投资者的作用，我们先回顾我国银行业改革的历史，阐述引入境外战略投资者对我国的商业银行现阶段向股份制银行转变过程中所起到的重要作用。1979 年以来，随着我国经济体制改革踏上渐进式转轨的漫漫征途，中国银行业体系的改革也稳步推进。1979～1984年我国相继成立了四家专业银行①，之后又设置了一系列股份商业银行②及非银行金融机构，1993 年三家政策性银行的成立进一步将金融机构的政策性职能拆分出来，后续"四大国有银行"也相继完成了商业化改革。至此，我国银行业从改革前的大一统模式逐渐实现了专业化再到商业化的改革，我国银行业的格局已经发生了深刻变革。

但是这些转变并未从根本上提升我国银行业的竞争力，各银行普遍还存在着效率低下、关系型贷款严重以及不良贷款居高不下的现象。1997 年亚洲金融危机爆发以后，金融风险陡升，据评级机构标准普尔测算的我国银行部门的年末不良贷款率保守估计为 24%。为了剥离不良资产，维护我国银行体系的金融安全，我国发行 2700 亿元特别国债向"四大银行"注资，并成立了信达、东方、长城和华融四家资产管理公司，用于接收国有银行 1.4 万亿元的不良资产。但这些注资和剥离不良资产的行动并未有效改善四大行的经

---

① 1979 年 2 月，为适应农村经济发展的需要，中国农业银行恢复设立；1979 年 3 月，为了适应对外开放的需要，中国银行与中国人民银行分立，成为国家外汇专业银行；1979 年 8 月，隶属于财政部的基本建设拨款机构中国人民建设银行（中国建设银行前身，1996 年 3 月更名为中国建设银行）逐步从财政部分离出来，并于 1983 年 5 月正式成为专业银行；1984 年 1 月，中国工商银行设立，全面接收原中国人民银行办理的工商信贷和储蓄业务。

② 1986 年 7 月，作为金融改革的试点，国务院批准重新组建交通银行，标志着我国股份制商业银行的诞生。之后，中国陆续成立了 12 家股份制商业银行，其中 9 家都是在这一时期成立的，它们分别是：招商银行（1987 年 4 月）、中信实业银行（1987 年 4 月）、深圳发展银行（1987 年 12 月）、福建兴业银行（1988 年 8 月）、广东发展银行（1988 年 9 月）、浦东发展银行（1992 年 8 月）、光大银行（1992 年 8 月）、华夏银行（1992 年 10 月）。

营状况，其不良贷款率始终在20%～30%的高位徘徊，国有独资商业银行处于"技术性破产"。①

2002年我国完成加入世界贸易组织的谈判，根据签订协议，我国金融业将于2006年底对外资金融机构全面放开，这对我国银行业形成较为严峻的挑战。因此，如何在较短的时间里迅速改善银行的经营管理体制、健全银行公司治理结构、提升我国银行业的竞争力，成为迫在眉睫的难题。2002年第二次全国金融工作会议召开，为下一步的改革指明了方向，即全面推进我国银行向股份制商业银行改造。2003年底，我国政府通过汇金公司向中国建设银行和中国银行注资450亿美元的资本金，正式启动股份制改革试点；2004年初，中国建设银行和中国银行全面展开财务重组，核销剥离了上千亿元不良资产。与1998年的情况不同，此次财务重组改革的目标是向现代化的股份制商业银行推进，建立健全现代化公司治理结构，同时借助境外战略机构投资者的入股推动中资银行的内部监督约束、控制机制的改革，并最终实现银行在资本市场上市。因此，财务重组—战略引资—公开上市成为我国银行业体系深化改革的主要路径，同时引进境外战略投资者成为我国银行业改革的重要举措。②

此次改革中商业银行在"引资"时更倾向于选择境外战略投资者，主要是基于"引智"的考虑③。引进战略机构投资者，不仅可以起到注资效果，更重要的是，可以敦促银行进一步建立并健全现代化的公司治理结构，使银行能够成为真正的企业法人。境外战略投资者成立时间一般较长，且具有先进的银行风险管理经验、服务理念以及产品开发维护的技术优势，更重要的是，境外战略投资者具有完善的公司治理结构和丰富的管理经验，可以帮助

---

① 周小川. 大型商业银行改革的回顾与展望［J］. 中国金融，2012（6）：10－13.

② 中国政府网. 引进境外战略投资者已成为我国银行业近年来对外开放的一种重要形式［EB/OL］. http：//www.gov.cn/ztzl/2005－12/05/content_117770.htm.

③ 银监会在2006年4月修订并发布了《国有商业银行公司治理及相关监管指引》，从而提出了国有商业银行引进战略投资者应遵循的四项原则五项标准。四项原则：长期持股、优化治理、业务合作和竞争回避。五项标准：一是持股比例原则上不低于5%，如果比例太低，投资者就缺乏足够的激励参与银行的战略规划和经营管理，不能实现"双赢"；二是股权持有期在3年以上，这是为了体现长期合作，以免战略投资者蜕变为战略投机者或财务投资者；三是原则上应派驻董事，并鼓励有经验的战略投资者派出高管参与银行经营管理，以帮助中资银行改善公司治理；四是战略投资者要有丰富的金融业管理背景，有成熟的金融业管理经验、技术和良好的合作意愿，目的是为中资银行提供经验、技术和网络支持，达到"引资"的同时"引智""引制"的目的；五是商业银行性质的战略投资者投资国有商业银行不宜超过两家，这样可以避免利益冲突，同时防止市场垄断。

中资银行迅速提升竞争力和效率。鉴于境外战略投资者的上述优势，中资银行开始纷纷引进境外战略投资者①。

纵观本轮对银行业体系的改革，整体上取得了比较理想的结果。中资银行的经营状况得到较大改善，风险管理能力不断增强，综合竞争力大幅提升。曾经那些被国外评级公司冠以"技术型破产"头衔的中资商业银行现已全部完成股份改制并实现上市，甚至成为被广泛认同的一流国际大型商业银行。我们认为，这一方面得益于国有银行股份制改造的正确方向；另一方面也与中资银行创新地引进境外战略投资者具有密切关联。引进境外战略投资者不仅增强了中资银行的资本实力，使中资银行单一的股权结构多元化，而且促使银行建立并健全了现代化的公司治理结构，同时促使其管理和经营服务理念逐步与世界先进银行接轨。

银保监会积极推进中资银行引进境外战略投资者②，是中国银行业体系改革中一个重大的战略选择，也是中国实施金融业对外开放的一个重要组成部分。对这一关键改革步骤的深刻理解和正确认识，关系到我国金融业的安全和后续发展，也会影响下一步银行业体系改革的未来方向。对于引进境外战略投资者对我国商业银行的影响如何，理论界与实务界都进行了激烈讨论，但并未达成统一结论。有些研究认为，只有引进境外战略投资者，才能提升我国银行的国际竞争力，还有些研究则认为，引进境外战略投资者的效果不佳，引不引进都无所谓。在可以查证的相关文献中，绝大部分研究都在探讨"威胁论"和"贱卖论"，而对于境外战略投资者是否能促使中资银行建立并健全其公司治理结构，建立其成为真正的法人地位等相关问题缺乏相应的关注和研究。而为数不多的实证研究中，由于研究视角、研究方法和所选择的

---

①　例如，2003 年 1 月花旗银行出资 6700 万美元收购了浦发银行 4.62% 的股份，2004 年 5 月新桥集团收购了深圳发展银行的 17.89% 股份，2004 年 8 月汇丰银行以 144.61 亿元购得交通银行 19.9% 的股份，2005 年 6 月美国银行及淡马锡公司分别斥资 25 亿美元和 14.6 亿美元购得建设银行 9% 和 5.1% 的股份，2006 年 2 月高盛集团携手安联集团和美国运通以总价 37.8 亿美元购得工行 10% 的股份等。截至 2006 年末，累计有 21 家中资商业银行金融机构引进了 29 家境外战略机构投资者，共获得超过 190 亿美元的投资总额。到 2009 年底，引进境外战略机构投资者的中资银行已经达到 31 家，其中，工商银行、建设银行、中国银行和交通银行 4 家国有商业银行先后引进 9 家境外战略机构投资者，24 家中小商业银行引进了 33 家境外战略机构投资者，3 家农村商业银行引进了 3 家境外战略机构投资者，共引进资本金 327.8 亿美元。

②　监管层面来讲，对引进境外战略投资者给予了高度的评价，其强调，引进境外战略投资者，就是为了用股权换机制、换管理、换技术，借引资为契机提升中国银行业的整体竞争力。参见中国银监会：《中国银行业对外开放报告》，2007 年 3 月。

银行样本数据的不同，得出的结论也差异较大。因此，对战略引资的效果进行深入、严谨和系统的研究就尤为迫切，只有这样才能真正切实地评价引进境外战略投资者的成效，为我国银行业改革提供经验分析和政策建议。

1.1.3 境外战略投资者影响我国银行公司治理、薪酬机制

由于各国在经济发展过程中，公司治理体系存在一些或多或少的问题，机构投资者作为一种公司治理的新型举措，已被越来越多的国家所借鉴和采用。而激励机制作为公司内部治理的重要组成部分，其已经被越来越多的机构投资者当作积极参与公司治理的重要途径。引进境外战略投资者作为中国银行业体系改革中一个重大的战略选择，旨在促使帮助中资银行建立并健全公司治理结构。那么，境外战略投资者持股是否能更好地激励银行高管？是否能提高银行高管层的薪酬绩效敏感度等显性激励？同时是否也能有效抑制银行高管层的在职消费、过度薪酬支付等隐性激励？这些都是值得思考和探索的问题。

首先，设计再完美的薪酬激励机制也未必能使管理者一定会采取使股东利益最大化的决策行为。在股东无法监督高管层努力程度的情况下，为了激励高管层更努力工作，股东只能根据公司盈余信息，与高管层签订薪酬激励契约。然而，由于信息不对称和监督成本的存在，使股东不可能对高管层有权自行决定的所有会计政策进行调整，而只能根据审计的盈余水平来决定高管层的薪酬。高管层能否领取薪酬以及薪酬的多少主要取决于企业年末盈余水平，从而不可避免地使高管层产生了通过选择、变更会计政策或操纵应计利润项目来获取最大薪酬水平的动机。特别是在内部人控制条件下，高管层激励契约的决定存在内生性，其可凭借掌握的权力以多种方式（如通过控制董事会）实现自身收益最大化，使旨在降低代理成本的激励机制反而变成了代理成本的源泉。在高管层控制权缺少约束的低水平公司治理机制中，使高管层完全有机会和动机操纵薪酬契约的安排以实现自身私利收益最大化。

其次，如果提供了有激励性的显性薪酬契约，但是无法抑制高管追求其私有收益的话，那么理性的高管将会追求自身利益最大化，例如获得额外津贴、追求较高的销售增长率、打造个人帝国等非企业价值最大化目标，而这些将不用高管努力工作。因此，要想提供有激励性的显性薪酬契约，必须同时要采取监管与惩罚等一系列方法来约束高管层追求隐性薪酬的行为，这就

需要通过股东、高管层与外部监督者三者之间的权力制衡方能得以实现。那么，旨在促进中资银行建立并健全公司治理结构的境外战略投资者，不仅使银行单一的股权结构多元化，强化了股权约束，而且有助于形成相互制衡的股权结构，改善了"内部人"控制的公司治理缺陷，对企业高管层可以形成良好的监督。那么，境外战略投资者持股能否同时更好地约束并监督银行高管层的在职消费和非正常薪酬水平的攫取？这也是本书将要研究的重要问题。

最后，境外战略投资者能否提供更有激励性的显性薪酬契约，并抑制高管追求在职消费等隐性薪酬，最终结果还是要考察能否提高公司治理水平进而影响商业银行的盈余管理、经营绩效、风险承担水平，这也将是本书要研究的重要问题。

1.2　研究意义

境外战略投资者有助于我国银行按照国际标准规范的要求，从多个方面改善治理结构和治理效率，提升对高管的激励和约束作用。科学合理的薪酬激励机制不仅能提高银行的经营绩效，而且能促进银行业以及整个金融业的健康持续发展，反之，错配的高管薪酬结构可能产生严重的损害银行利益的后果，甚至会引发金融系统风险，触发金融危机。因此，研究境外战略投资者是否激励并约束了我国商业银行的高管层，对于总结我国银行业改革经验、评价引入境外战略投资者的治理效果具有重要意义，也可为我国下一步银行业深化改革提供结论支撑和政策建议。

而相对于这一问题的重要性，相应的研究却非常有限，已有对境外战略投资者的研究大多数仅停留在宏观和定性分析上，而为数不多的实证研究也只是从银行业绩和风险管理等公司治理的结果等角度来考察引进境外战略投资者的公司治理效果，直接探讨境外战略投资者对银行高管作用的具体改善作用则乏善可陈。本书主要从境外战略投资者引进之后的股权结构、董事会特征和签约的合同协议内容这三个维度，利用嵌套模型，检验了境外战略投资者是否能够提供给银行高管层更有激励的显性薪酬契约，相应地是否能同时抑制银行高管层追求在职消费等隐性薪酬的行为，提升银行高管薪酬机制的有效性和透明度，从而考察境外战略投资者对缓解委托代理问题和改善银行公司治理结构方面的作用。

在银行高管层显性薪酬的激励方面，我们发现，境外战略投资者通常在高管层的薪酬机制设计方面有着丰富的经验，可以促进改善我国长期以来较为落后的薪酬激励制度，对高管人员实施更为有效、更为市场化的激励制度，提高了薪酬绩效敏感度，并提升了货币化的薪酬水平。更好地激励了银行高管，提高了银行业的效率和综合竞争力。

在银行高管层隐性薪酬的抑制方面，我们发现，首先，由于管理层和股东的利益并不完全一致，加之股东又不可能对拥有私人信息和掌握公司实际控制权的管理层进行全面彻底的监督，管理层会追求高管私有收益最大化；其次，引进境外战略投资者之后，强化了股权约束，有助于形成相互制衡的股权结构，改善了"内部人"操控的公司治理缺陷，能够有效约束并监督银行高管层的在职消费和非正常消费水平。因此可以看出，境外战略投资者普遍更加重视银行财务信息的披露质量，更能增强银行信息披露的规范性，从而可以对银行高管起到有效的约束监督作用。

在研究境外战略投资者对银行高管薪酬激励约束机制后，我们进一步从商业银行盈余管理水平能否降低、经营绩效能否提升、风险承担水平能否降低三个维度考察引入境外战略投资者的经济后果，从而为引进境外战略投资者的公司治理效果提供系统全面的实证证据。

本书的研究在学术层面上丰富和拓展了相关研究，在现实和政策层面上，我们认为，考察境外战略投资者对银行高管薪酬激励约束有效性的影响，是衡量境外战略投资者改善公司治理效果非常重要的角度，也是评价我国银行业改革成效的角度之一，这对于我们总结改革经验、继续推进银行业发展具有重要的现实意义和政策意义，可以为中国银行业进一步深化改革和扩大对外开放提供重要的参考依据和政策建议。

1.3 研究方法、研究思路和文章创新点

1.3.1 研究方法

本书的研究目的是考察境外战略投资者对中资银行高管层薪酬激励约束

有效性的影响，因此，在选择研究方法时我们结合本书的研究目的，主要采用的是实证研究方法，此外也采用规范研究、理论结合实际研究等方法，综合分析了本书的研究问题。

1.3.1.1　规范分析与实证分析相结合

规范分析与实证分析是经济学研究的主要两种方法，规范分析是从某种合理的价值判断或先验标准出发，回答经济运行"应该是什么"或"应该怎么样"，因此，规范研究方法加入了人的主观需要和价值观，是评价性的分析方法。而实证分析则是通过对经济现象的客观描述，旨在回答经济现实"是什么"或"实质是什么"，是一种客观判断，特点在于陈述客观事实，探讨事物发展的客观性和规律性，因此，客观分析是实证研究的根本。

本书的核心是研究境外战略投资者对银行高管显性薪酬的激励机制和隐性薪酬约束机制之间的关系，这是一种实证研究，通过客观研究得到我国商业银行境外战略投资者与高管层薪酬激励和约束机制关系"是什么"和"实质是什么"，是一种客观事实。但研究也并不局限在它们的互相关系上，本书对境外战略投资者的引入与高管层的激励和约束机制做了评述。本书自始至终都是规范分析与实证分析方法相结合的应用。

1.3.1.2　理论与实际相结合分析

本书在梳理国内外关于境外战略投资者与银行高管薪酬激励与约束机制关系的相关研究现状的基础上，以委托代理理论、公司治理理论为出发点，同时基于理论模型分析，研究了在薪酬契约设计上境外战略投资者是否激励并约束了银行高管，为如何设计更合理科学的薪酬激励与约束机制提供了理论与实践的证据，也为我们评估引进境外战略投资者的银行改革效果提供了经验证据，为中国银行业进一步深化改革和扩大对外开放提供重要的参考依据和政策建议。

1.3.2　研究思路与结构安排

鉴于有关银行境外战略投资者与高管层薪酬关系的研究较少，本书先系统介绍了国内外相关研究的主要成果，基于研究境外战略投资者与银行高管薪酬的较少，本书从机构投资者的角度细致梳理了相关国内外文献，主要是从机构投资者与高管层显性薪酬激励机制、机构投资者与高管层隐性薪酬约束机制以及引入境外战略投资者的经济后果这三个角度进行回顾的，为本书研究提供了基本思路和研究方法。

在介绍了目前相关研究现状，并评述前人的研究成果之后，本书简单介绍了委托代理理论、机构投资者参与公司治理理论等，从理论上提出机构投资者与高管层薪酬激励约束机制之间的关系。同时借鉴以往研究提出了两个理论模型，分别是机构投资者对高管层显性薪酬激励机制模型、机构投资者对高管层隐性薪酬约束机制博弈模型。以上为后续实证研究提供了充分的文献基础和理论依据。

根据已往文献研究，并结合我国商业银行境外战略投资者、商业银行高管薪酬的现状，我们从境外战略投资者持股情况、向董事会派驻外资股东董事情况和提供公司治理经验三个角度，来研究对银行高管层显性薪酬激励机制和隐性薪酬约束机制。银行高管显性薪酬通过考察薪酬绩效敏感度和薪酬水平来实现；银行高管隐性薪酬通过考察在职消费和非正常薪酬水平来实现。

进一步地，本书考察了引入境外战略投资者能否通过激励并约束银行高管来降低银行盈余管理水平，并提升银行经营绩效和降低风险承担水平，从而为引进境外战略投资者的公司治理效果提供系统全面的实证证据。

然后，根据本书实证研究结果，探讨了境外战略投资者的引进对银行业改革的效果，以及提出相应的政策建议。本书的逻辑框架如图 1.1 所示。

具体的章节安排如下。

第 1 章，绪论。该部分主要介绍了本书研究的背景与意义及研究创新之处，同时对本书的研究思路、研究方法以及结构安排等做了概括性的描述。

第 2 章，文献综述。该部分评述了已有的相关研究理论和实证研究文献，将已往研究中有关机构投资者与高管层显性薪酬激励机制、机构投资者与高管层隐性薪酬约束机制，以及引入境外战略投资者的经济后果等方面的文献进行了细致梳理。文献回顾的目的在于结合中国实际确立恰当的研究分析方法，特别是在于建立准确的计量经济模型以及选用合适的变量指标。

第 3 章，理论分析。该部分主要介绍了本书中涉及的管理学理论，其中主要介绍了企业委托代理理论（包括第一类和第二类委托代理问题）、机构投资者参与公司治理的理论等。特别借鉴前人研究，分别提出了两个理论模型：机构投资者对高管层显性薪酬激励机制模型，以及机构投资者对高管层隐性薪酬约束机制博弈模型，为后续实证分析提供了必要的理论支持。

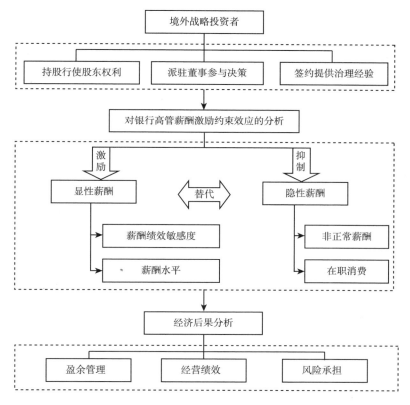

图 1.1　本书逻辑框架

第 4 章，境外战略投资者影响高管显性薪酬的实证分析。本章首先研究了境外战略投资者与银行高管薪酬绩效敏感度之间的关系，主要采用了哈泽尔和斯塔克斯（Hartzell & Starks，2003）以及库伯（Kubo，2005）两种实证模型衡量方法，研究结果发现，境外战略投资者能够显著提升银行高管层的薪酬绩效敏感度，增强了银行高管层薪酬的激励性；其次研究了境外战略投资者与银行高管层薪酬水平之间的关系，主要采用了哈泽尔和斯塔克斯的实证模型，研究结果发现，在控制了其他变量的影响后，境外战略投资者能够显著提高银行高管层的薪酬水平，促使银行高管薪酬水平进一步与国际接轨。此外，我们还考察了不同类型银行的异质性影响以及内生性问题。以上实证结果表明，境外战略投资者的参与可以促使银行制定更为透明合理的显性薪酬激励机制，很好地激励了银行高管。

第 5 章，境外战略投资者影响高管隐性薪酬的实证分析。首先，考察境外战略投资者对银行高管层在职消费的影响，主要采用罗等（Luo et al.，2004）、权小锋等（2010）的实证模型，研究结果发现，境外战略投资者能够显著抑制银行高管层在职消费。其次，考察境外战略投资者对银行非正常薪酬水平的影响，主要采用科尔等（Core et al.，2008）的实证模型，研究结果发现，境外战略投资者的引入确实在一定程度上降低了银行高管层的非正常薪酬水平，增加了对高管的约束，降低了银行高管利用权力攫取非正常高额薪酬的行为。此外，我们还考察了不同类型银行的异质性影响。以上研究结果表明，境外战略投资者可以起到监督约束作用，有效抑制银行高管谋求在职消费等私利行为。

第 6 章，境外战略投资者影响高管薪酬契约的经济后果。首先，分别从盈余管理、经营绩效、风险承担三个维度考察引入境外战略投资者的经济后果；其次，采用中介效应模型检验薪酬机制是否是境外战略投资者影响商业银行经营绩效的中介渠道。

第 7 章，研究结论和政策建议。本章给出本书研究的总体研究结论的同时对未来的研究方向进行了简要分析。

1.3.3 本书的创新之处

本书可能的创新之处主要有三点。

第一，本书是开创性以理论与实证分析境外战略投资者对商业银行高管薪酬激励约束有效性的研究，与已往研究我国商业银行引进境外战略投资者公司治理效果的角度不同，本书尝试考察外资对我国商业银行高管层薪酬激励和约束机制的影响，为境外战略投资者改善我国商业银行公司治理效果提供了新视角。在学术层面上丰富和拓展了相关研究，可以为关于引进境外战略投资者的公司治理效果提供新的实证证据；在现实和政策层面上，本书认为考察境外战略投资者的引入对银行高管薪酬激励机制和约束机制的影响，是衡量境外战略投资者改善公司治理效果非常重要的角度，也是评价我国银行业改革成效的角度之一，这对于我们总结改革经验、继续推进银行业发展具有重要的现实意义和政策意义，可以为中国银行业进一步深化改革和扩大对外开放提供重要的参考依据和政策建议。

第二，在考察境外战略投资者对银行高管薪酬的激励与约束效应时，本书采用境外战略投资者持股特征、境外战略投资者向董事会派驻外资股东董事比例以及双方合作协议是否涉及公司治理内容等多种度量方法，改进了以往研究多以持股比例作为境外战略投资者参与银行程度度量的局限。

第三，将银行高管薪酬激励的研究视角，从单独考察"显性"薪酬，或单独考察"隐性"薪酬，转入"显性—隐性"薪酬激励关系的范式。显而易见，如果只考察隐性薪酬，研究将只能捕捉到对银行高管攫取私利的抑制作用，但对于银行、股东等利益相关方来讲，其目标是最大化银行价值，这就需要设计有激励性的显性薪酬契约才能实现目标；然而如果只考察显性薪酬，虽然向银行高管提供了激励性的薪酬契约，但银行高管有动机也有能力去追求隐性薪酬从而谋取私人利益最大化，如此看来，如果不能有效抑制银行高管隐性薪酬水平，自然而然显性薪酬契约就无法发挥激励作用。因此，薪酬机制的设计必须既有激励性又有约束性，本书从显性薪酬和隐性薪酬双视角入手，全面考察境外战略投资者对银行薪酬激励约束有效性的影响。

第 2 章　文献综述

本书的研究目的是考察境外战略投资者对我国银行高管薪酬的激励约束效果。在对高管显性薪酬的激励方面，我们通过考察境外战略投资者对银行高管薪酬的影响来实现，一方面检验境外战略投资者对银行高管薪酬绩效敏感度的影响；另一方面检验对高管整体薪酬水平的影响。在对高管隐性薪酬的约束方面，我们通过衡量境外战略投资者对银行高管的在职消费以及非正常薪酬水平的影响来实现，如果可以有效抑制高管的在职消费行为，降低非正常薪酬水平，则说明境外战略投资者确实可以起到监督约束作用，提高银行的会计信息质量，缓解委托代理问题。

由于专门针对境外战略投资者对银行高管激励约束的研究十分有限，我们扩大了对文献的收集范围。境外战略投资者属于机构投资者，所以我们整理了有关机构投资者的相关研究；此外，我们也不仅仅局限于收集与银行相关的研究，对一般企业的有关研究文献也整理在内。

综上所述，我们在梳理已有研究时，将系统总结以下三类文章。第一类是机构投资者与高管显性薪酬的文献，通过回顾该类文献，我们将总结已有研究是否发现机构投资者会影响高管的显性薪酬，从而对研究境外战略投资者激励银行高管的必要性做出论证。第二类是机构投资者与高管隐性薪酬的文献，通过梳理这类文献，为研究境外战略投资者约束银行高管的必要性找到了文献依据。第三类是引入境外战略投资者的经济后果的相关文献，通过整理这类文献，我们将对引入境外战略投资者政策效果进行总结评述，为下一步的理论分析和实证检验提供支撑。

2.1　机构投资者与高管显性薪酬的关系

近年来，机构投资者持股比例越来越高，对机构投资者参与公司治理的

相关研究也越来越多。但是对机构投资者能否凭借所持股权来积极参与公司
治理，建立有效激励高管的机制，使高管层能够采取股东利益最大化的决策
行为，减少利用控制权攫取私利行为，已有研究尚未得出统一的结论。对高
管的激励主要是通过制订具有激励性的薪酬计划来实现的，我们认为，薪酬
的激励性可以从两个方面衡量：一是与企业绩效挂钩的程度；二是薪酬水平
的高低。以下我们将从高管的薪酬绩效敏感度和薪酬水平两个层面，系统梳
理关于机构投资者与高管层薪酬激励机制的相关文献。

2.1.1 机构投资者影响高管薪酬绩效敏感度

2.1.1.1 国外相关研究

（1）直接探讨机构投资者影响高管薪酬绩效敏感度的文献。

早期关于机构投资者与高管层薪酬绩效敏感度的研究，大多得出了机构
投资者对高管层薪酬激励机制没有关系的结论，表明机构投资者参与公司治
理的效应在企业高管层薪酬激励机制安排方面表现得并不显著。肖特和基塞
（Short & Keasey，1995）总结了以往关于机构投资者与企业业绩以及与高管
层薪酬关系的相关研究文献发现，机构投资者对企业高管层薪酬机制的影响
并不显著。科什和休斯（Cosh & Hughes，1997）主要以 1989～1994 年英国
电子行业的数据为其实证样本，研究发现，没有证据能够表明机构投资者持
股能降低企业高管层的薪酬以及对薪酬绩效敏感度产生影响。詹森和墨菲
（Jensen & Murphy，1990a）发现，公司股票市值增加 1000 美元，首席执行官
（CEO）薪酬仅仅上升大概 3.25 美元，显然 CEO 的价值和股东价值并不是很
一致的。詹森和墨菲（Jensen & Murphy，1990b）在随后的一篇文章中研究
认为，对 CEO 薪酬激励不能很好地降低由控制权和所有权不一致而产生的代
理问题，他们建议最有效的薪酬激励机制应该是提高 CEO 的薪酬绩效敏感
度，为了使 CEO 能够采取最大化股东价值的决策行为，他们认为，董事会应
建立较高的薪酬绩效敏感度的激励机制。

随着近十几年来机构投资者的发展越来越成熟，机构投资者的活跃程度
也越来越高，其投资企业参与治理的影响也越来越明显。例如，一些机构投
资者开始对企业持有较高的股份比例，对企业高管薪酬激励结构的决定机制
有了更大的话语权（Khan et al.，2005），一些研究开始发现，机构投资者对
高管薪酬具有显著影响。吉兰和斯塔克斯（Gillan & Starks，2000）对一份关

于为期 8 年的 2043 项机构投资者提出的建议的统计发现，其中有 233 项与企业高管层薪酬激励机制相关，而且共同基金经理人都呼吁将高管层的薪酬与企业绩效更紧密地联系起来，以降低代理成本，促使股东价值和高管层自身利益最大化相一致。哈泽尔和斯塔克斯（Hartzell & Starks，2003）采用了詹森和墨菲（Jensen & Murphy，1990b）衡量绩效薪酬敏感度的方法，研究发现，机构投资者与高管层薪酬绩效敏感度显著正相关，表明机构投资者积极参与公司治理的效应能够在企业高管层的薪酬激励机制体现出来，同时，他们进一步分析指出，随着机构投资者持股的变化，高管层薪酬绩效敏感度也会呈现出正相关的变化，他们据此认为，机构投资者是否参与公司治理的改善，主要是基于参与公司治理获得的收益和付出的成本以最大化其自身利益进行决策。对于持股比例较高的机构投资者来说，其更能够缓解由于股份过于分散而产生的中小股东在监督时的"搭便车"行为，可以积极参与公司治理的改善，例如，企业高管层薪酬机制的设计等。克莱（Clay，2000）、卡恩等（Khan et al.，2005）、冯等（Feng et al.，2010）以及凯尼昂等（Conyon et al.，2010）也都同样发现，机构投资者确实能够参与到企业高管层的薪酬激励机制的设计过程中，尤其是提高了薪酬绩效敏感度来激励企业高管层。有些研究还将机构投资者分为境内和境外两种类型，专门研究了不同类型机构投资者对高管激励效果的差异，研究发现，相对于那些境内机构投资者来说，境外机构投资者更为有效地激励了企业高管层。卡洛驰等（Croci et al.，2012）以 2001～2008 年 14 个欧洲国家 754 家上市公司的 CEO 薪酬机制为研究样本，发现家族控制会制约 CEO 薪酬绩效敏感度，而机构投资者持股比例的增加会提高 CEO 的薪酬绩效敏感度，进一步划分机构投资者类型，他们发现，境外机构投资者股东对 CEO 的薪酬绩效敏感度有着显著的正相关关系，主要表现在增加了股权激励在薪酬中的比重，而境内机构投资者持股并不会增加 CEO 的薪酬绩效敏感度。费尔南德斯等（Fernandes et al.，2012）采用了强制披露薪酬的 14 个国家 2003～2007 年企业薪酬时间序列数据，来研究美国上市公司 CEO 薪酬水平较高的原因，研究发现，不同国家上市公司高管层的薪酬差异主要是由于绩效薪酬敏感度不一致，美国上市公司 CEO 薪酬绩效敏感度更高是因为美国机构投资者和独立董事"用手投票"来参与公司治理的结果，特别指出境外机构投资者持股的重要影响作用。

（2）研究机构投资者影响高管层薪酬绩效敏感度作用机制的文献。

通过上述文献可以看出，有关机构投资者对高管薪酬激励的研究得到的结论并不一致。也有一些文献对研究结论的差异进行了解释说明。詹森和麦克林（Jensen & Meckling，1976）研究发现，机构投资者可以通过直接或间接方式来影响企业高管层薪酬激励。直接方式是机构投资者凭借其持有的股权，通过"用手投票"的方式来监督企业高管层的薪酬结构，以达到维护自身利益的目的；间接方式主要是机构投资者通过选股倾向和股票交易，采用"用脚投票"的方式来影响高管层的薪酬结构。当机构投资者对企业高管层的薪酬结构安排不满意时，从事短期投资的财务投资者通常更倾向于采取"用脚投票"的方式来影响企业高管层的薪酬结构。而长期的战略机构投资者则倾向于增加董事会的独立性（特别是提名和薪酬委员会的独立性）来影响企业高管层薪酬结构，发挥对高管的激励和监督作用；或者直接通过其派驻的董事来提案，以促使改善企业高管层薪酬结构（Brandes et al.，2008）。

　　还有些研究发现，不同类型机构投资者参与公司治理的治理效应存在着较大的差异性（Brickley et al.，1988；Bushee，1998；Borokhovich et al.，2006），这也会导致对高管的激励作用产生不同的影响。布里克利等（Brickley et al.，1988）将机构投资者分为压力抵制型、压力中性型和压力敏感型三种[①]，压力敏感型机构股东更容易受到高管层的牵制，参与公司治理的积极程度也大打折扣。布希（Bushee，1998）从投资期限角度进行分类，将机构投资者分为短期机构投资者和长期机构投资者，并实证检验了这两类机构投资者对信息披露和股票收益波动的影响存在较大差异。博罗霍维奇等（Borokhovich et al.，2006）借鉴布里克利等（Brickley et al.，1988）的分类方法，研究发现，压力敏感型机构投资者监控效力比压力不敏感型机构投资者低。我们认为，机构投资者对公司治理效果的不同是导致对高管激励差异的重要原因。

　　此外，也有一些研究专门分析了机构投资者对高管层薪酬绩效敏感度的影响也存在着较大差异的原因。明和奥赞（Min & Ozkan，2008）借鉴布希（Bushee，1998）对机构投资者的分类方法，研究发现，长期机构投资者会提

　　[①]　压力抵制型机构投资者（pressure-resistant institutions）是指与公司仅仅存在投资关系的机构投资者，压力抵制型机构投资者能够坚持自己的投资理念，不受短期目标影响，着眼于长期回报，有动机参与公司治理、监督管理层，并从公司治理活动中得到更大的收益，例如公共养老基金、共同基金、QFII 以及一些捐赠基金；压力敏感型机构投资者（pressure-sensitive institutions）是指对企业存在业务依赖关系的机构投资者，其通常不想破坏与被投资公司的关系，而往往采取中庸或支持公司管理层决策的态度，例如保险公司、银行信托部以及非银行信托基金；压力中性型机构投资者（pressure-indeterminate institutions）则主要是指养老基金、经纪公司以及投资顾问公司。

高高管层薪酬与企业绩效的敏感度，积极行使股东权利，有效激励了高管层，使高管层一般会采取股东利益最大化的决策行为；而短期机构投资者追求的则是买低卖高的短期收益，对企业长期利益不关注，也正是基于此考虑，机构股东对高管层薪酬绩效敏感度没有影响，认为参与公司治理存在者较大的信息搜集成本等，通常选择"搭便车"，对问题企业的处理方法主要就是"用脚投票"（Brandes et al.，2008）。阿尔马赞等（Almazan et al.，2005）基于监控成本存在较大差异，提出了对机构投资者新的分类方法，他们将机构投资者分为潜在积极机构投资者和潜在消极机构投资者，潜在积极机构投资者管理技能先进、信息获取能力强、法律法规对其投资的约束少以及与公司几乎没有潜在的业务联系，主要包括投资顾问或者投资公司等，潜在积极机构投资者持股比例越高，企业高管层薪酬绩效敏感度显著增加，而这种正相关关系并没有在潜在消极机构投资者中呈现，潜在消极机构投资者主要以银行信托部门、保险公司等为主。针对已有研究对机构投资者的不同分类方法，茜恩和塞翁（Shin & Seo，2011）持不同意见，他们认为，机构投资者的监控动机和能力会被很多因素影响，上述各种分类方法并不能完全体现这些影响的差异，研究发现，同为压力抵制型机构投资者的公共养老基金和共同基金对高管薪酬机制的监控效应存在较大的差异。他们据此认为，机构投资者对企业高管层薪酬的影响到底是"用手投票"还是"用脚投票"，主要是基于其投资动机来考量，并以其参与公司治理获得的收益和付出的成本来最大化其自身利益。

上述研究结论主要是基于发达国家的样本数据得到的，对发展中国家或亚太地区国家的境外机构投资者和管理层薪酬绩效敏感度的研究较少。加纳和金（Garner & Kim，2011）利用韩国企业数据研究了境外机构投资者持股比例与管理层薪酬绩效敏感度的关系，发现境外机构投资者持股比例的增加能显著提升管理层的薪酬绩效敏感度，表明境外机构投资者积极地参与了发展中国家企业的公司治理，而且当考虑了境外机构投资者和公司治理的内生性问题时，其结果并没有发生改变。

2.1.1.2　国内相关研究

就国内相关研究来看，大部分是关于机构投资者对企业经营绩效影响的实证文献，而机构投资者参与公司治理、影响高管层薪酬绩效敏感度的研究较少，结论也不尽相同。李善明和王彩萍（2007）对 2000～2003 年末机构投资者持股的上市公司作为研究样本，实证检验机构投资者与高管层薪酬绩效敏感度的关系，结果显示，仅有微弱的证据可以表明我国的机构投资者能够积极参与公司治理并影响上市公司高管层的薪酬绩效敏感度。毛磊等（2011）基于 2005~2009 年 874 家机构投资者持股的上市公司样本，利用面板数据模型实证检验了机构投资者持股对高管层薪酬业绩敏感度的影响，结果表明，机构投资者整体对高管薪酬存在显著的影响，以及机构投资者持股比例的增加有效地提高了高管层的薪酬绩效敏感度，另外，笔者还考察了不同类型机构投资者对高管薪酬影响的差异性，实证研究结果显示，只有证券投资基金对高管薪酬绩效敏感度存在正向显著影响，而合格境外机构投资者（qualified foreign institutional investors，QFII）、券商、社保基金、保险公司和信托公司对高管薪酬的正向影响不显著或不存在影响。伊志宏（2011）以 2003~2010 年上市公司的数据做实证样本，并借鉴布里克利等（Brickley et al.，1988）对机构投资者的分类方法，检验了机构投资者、市场化进程与高管薪酬激励三者之间的影响，研究发现，压力抵制型机构投资者与高管薪酬绩效敏感度显著正相关，但压力抵制型机构投资者对高管的激励效应要受到市场化进程因素的反向影响，而压力敏感型机构投资者的持股对上市公司高管薪酬绩效敏感度的正向促进作用并不显著。

2.1.2 机构投资者影响高管薪酬水平

2.1.2.1 国外相关研究

（1）直接探讨机构投资者影响高管薪酬水平的文献。

国外对机构投资者与高管薪酬水平的研究并未达成统一结论。一些研究认为，机构投资者积极参与了公司治理的改善，降低了企业高管层的薪酬水平[①]，节约了由所有权与控制权相分离而产生的代理成本。尤仕木（Useem，1999）研究发现，机构投资者持股比例越大，越能够降低 CEO 的薪酬水平，同时也越提高了 CEO 总薪酬水平的长期激励部分，这意味着机构投资者大股东能在一定程度上限制企业向高管层发放过多的薪酬。哈泽尔和斯塔克斯（Hartzell & Starks，2003）、卡恩等（Khan et al.，2005）和凯尼昂等（Cony-

---

[①] 赫德（Heard，1995）认为，机构投资者确实可以有效激励并约束企业高管层，改善公司治理结构，从而影响 CEO 薪酬水平。

on et al.，2010）等的研究也发现，机构投资者持股比例与高管层薪酬水平显著负相关，因为机构投资者能够通过参与企业高管层的薪酬激励机制设计有效激励并约束了管理者，节约了由所有权和控制权相分离产生的代理成本。奥赞（Ozkan，2011）对美国和英国上市公司披露的高管层薪酬水平进行分析，研究发现，虽然美国和英国上市公司 CEO 薪酬水平存在较大差异①，但是机构投资者能够降低美国和英国企业高管的薪酬水平，不管是固定薪酬水平还是包括股权激励的总薪酬水平。

但还有一些研究对机构投资者与高管薪酬水平之间的负向关系提出质疑。科什和休斯（Cosh & Hughes，1997）主要以 1989～1994 年英国电子行业的数据为其实证样本，研究发现，并没有证据能够表明机构投资者持股能降低企业高管层的薪酬水平。而另外一些研究则认为，机构投资者能够提高高管层的薪酬水平，因为机构投资者会显著正影响企业高管层薪酬绩效敏感度，从而增加了高管层的风险水平，薪酬水平的提高是对高管层高风险的相应补偿。克莱（Clay，2000）和冯等（Feng et al.，2010）实证研究发现，机构投资者的入股能够显著提高高管层的薪酬水平，他们认为主要是由于机构投资者显著提高了高管层的薪酬绩效敏感度而引起的。卡洛驰等（Croci et al.，2012）以 2001～2008 年 14 个欧洲国家 754 家上市公司的 CEO 薪酬水平为研究样本，发现机构投资者持股比例的增加会提高 CEO 的薪酬水平，固定薪酬水平和总的薪酬水平都大幅提高。费尔南德斯等（Fernandes et al.，2012）采用了强制披露薪酬的 14 个国家 2003～2007 年企业高管薪酬水平数据来比较研究美国上市公司 CEO 薪酬水平较高的原因，研究发现，不同国家上市公司高管层的薪酬差异主要是由于绩效薪酬敏感度不一致，而美国上市公司 CEO 薪酬水平较高主要是美国机构投资股东和独立董事"用手投票"来参与公司治理的结果，特别是境外机构投资者的持股能够显著提高 CEO 的薪酬绩效敏感度，从而也提高了 CEO 的薪酬水平，他们也测算了经风险调整后的薪酬水平，得到了同样的结论。

---

① 费尔南德斯等（Fernandes et al.，2012）发现，美国上市公司更愿意用股权累薪酬来激励 CEO 等高管层，以使 CEO 利益与股东价值最大化相一致；凯尼昂等（Conyon et al.，2010）比较了 2003 年美国和英国上市公司 CEO 的薪酬水平差异，研究发现，在控制了企业和行业特征因素后，美国上市公司 CEO 拥有更高的薪酬水平，更大的股票波动率和更多的股权激励薪酬，他们据此认为，美国上市公司 CEO 薪酬水平高是对其风险较大的补偿。他们因而测算了经过风险调整后的薪酬水平，美国上市公司 CEO 的薪酬水平不再很高了，经风险调整的薪酬水平差异下降了 50% 的比例。

（2）研究机构投资者影响高管层薪酬水平作用机制的文献。

从上述文献回顾中可以看出，机构投资者对高管薪酬水平的影响并未达成统一结论，那么这是否由机构投资者的不同特征所引起呢？不同类型的机构投资者在规模实力、资金来源、投资策略和投资风格等各方面表现出显著的多样性，这会对机构投资者参与公司治理的效果产生影响。根据已有相关研究，不同类型机构投资者参与公司治理的治理效应的确存在着较大的差异性（Brickley et al.，1988；Bushee，1998；Borokhovich et al.，2006），同样，机构投资者对高管层薪酬水平的激励也存在着较大的差异性。

戴维等（David et al.，1998）借鉴布里克利等（Brickley et al.，1988）的分类方法，将机构投资者分为压力抵制型、压力中性型和压力敏感型三种，通过对 1992～1994 年《财富》杂志评出的 500 强公司中 125 家企业的机构股东进行深入分析，发现只有压力抵制型的机构股东持股比例较高时，才会有效降低企业高管层的薪酬水平，并显著提高了薪酬激励中中长期激励部分所占比重，而压力敏感型与压力中性型机构投资者则对薪酬结构的影响并不显著。

与此相似，明和奥赞（Min & Ozkan，2008）借鉴了布希（Bushee，1998）的分类方法，将机构投资者分为长期机构投资者和短期机构投资者两类，研究发现，长期机构投资者会明显限制高管层薪酬水平，而短期机构投资者追求的仅是买低卖高的短期收益，对企业的长期利益缺乏关注，因此，短期机构股东认为参与公司治理存在着较高的信息收集成本等，通常会选择"搭便车"，对问题企业的处理方法主要就是"用脚投票"（Brandes et al.，2008），故其对高管层薪酬水平并没有显著影响。

而对于上述文献在研究机构投资者时采用的不同分类方法，茜恩和塞翁（Shin & Seo，2011）持不同意见，他们认为，机构投资者的监控动机和能力会被很多因素影响，已有研究的各种分类方法并不能完全体现这些影响的差异，他们研究发现，同为压力抵制型机构投资者的公共养老基金和共同基金对高管薪酬机制的监控效应存在较大的差异，因此，机构投资者对企业高管层薪酬的影响到底是"用手投票"还是"用脚投票"，主要基于其投资动机来考量，并以其参与公司治理获得的收益和付出的成本来最大化其自身利益。

2.1.2.2　国内相关研究

国内也有少数文献研究了机构投资者对公司高管薪酬水平的影响。陈炎炎和郏丽莎（2006）通过对 2004 年 533 家机构投资者持股的制造业上市公司高管层薪酬水平的研究发现，机构投资者持股比例与上市公司高管层薪酬水平存在着正的显著性相关关系，同时还考察了高管的薪酬组成部分，但发现机构投资者持股比例并不会增加高管中长期的薪酬激励水平的比重。

毛磊等（2011）基于 2005～2009 年 874 家机构投资者持股的上市公司样本，利用面板模型实证检验了机构投资者持股对高管层薪酬激励水平的影响，研究结论表明，机构投资者整体对高管薪酬水平存在正向显著影响，即机构投资者持股比例的增加有效地提高了上市公司高管薪酬水平。另外，笔者还考察了不同类型机构投资者对高管薪酬影响的差异性，实证研究结果显示只有证券投资基金对高管薪酬水平存在正向显著影响，而 QFII、券商、社保基金、保险公司和信托公司对高管薪酬的正向影响不显著或不存在影响。

李超等（2012）选取 2004～2008 年上市公司作为研究样本，运用线性概率模型、Probit、Logit、Tobit 以及 OLS 等回归方法对机构投资者持股和上市公司高管薪酬激励，特别是股权激励的关系进行实证检验，实证结果表明，我国机构投资者并没有有效限制高管股权激励和固定薪酬的增长，他在文中还指出，我国机构投资者对于薪酬激励机制设计的建设效果有待加强，机构股东积极主义"用手投票"参与公司治理的改善在中国还有待提高。

2.1.3 文献评述

从上述文献可以看出，有关机构投资者对高管显性薪酬激励的影响并未形成统一结论，已有研究关于机构投资者对高管薪酬绩效敏感度和薪酬水平的影响都存在分歧。此外，还有大量文献研究了机构投资者对高管激励效果的作用机制，揭示不同类型机构投资者对高管薪酬激励效果存在差异的原因，一些研究认为，这是由于机构投资者的类型差异；另一些研究则认为，这是由于机构投资者的动机不同。通过总结上述文献，我们认为，因为不同类型的机构投资者在规模实力、资金来源、投资策略和投资风格等各方面表现出显著的多样性，因而其投资企业的动机和效果也不同，在企业中所起到的监督约束作用也存在差异，所以对高管显性薪酬的激励也有不同。

回顾国外相关文献，可以发现，现有对发展中国家机构投资者与企业高管薪酬的研究还非常有限，而我国仅有的几篇相关研究中，也未曾涉及机构投资者对银行高管激励的研究。鉴于引入境外战略投资者在我国银行业改革中的重要地位，我们认为研究这一问题是非常必要的，不仅可以弥补相关研究的空白，也可以为我国银行业改革总结经验，同时为发展中国家的银行引入境外战略投资者的治理效果提供分析依据。

2.2　机构投资者与高管隐性薪酬的关系

我们在前面提到，需要分别考察境外战略投资者对银行高管的激励和约束两个方面的作用，如果只关注显性薪酬，虽然向银行高管提供了更具激励性的显性薪酬契约，但银行高管还是有动机和能力去追求隐性薪酬从而谋取私人利益最大化，如此显性薪酬不能发挥激励作用，因此，高管薪酬既要有激励性又要有约束性。以下我们梳理了机构投资者与高管隐性薪酬之间关系的相关文献。

2.2.1　机构投资者影响高管在职消费

现代公司的典型特征是所有权与控制权相分离不持有或较少持有公司股份的管理层控制着公司资源的配置权（Berle & Means，1932）。由于管理层和股东的利益并不完全一致，加之股东又不可能对拥有私人信息和掌握公司实际控制权的管理层进行全面彻底的监督，因此，理性的管理层并不会使股东财富最大化，而是去努力追求自身利益最大化，也即追求高管私有收益最大化。例如，获得额外津贴、追求较高的销售增长率、打造"个人帝国"等非企业价值最大化目标（Jensen & Meckling，1976）。陈仕华等（2014）将在职消费归结为"代理成本观"和"激励观"。"代理成本"观认为，在职消费有损于企业价值，应该设计相应机制以尽量最小化代理成本；"激励"观认为，高管隐性薪酬不仅内生于高昂的信息成本（Alchian & Demsetz，1972），而且还有助于强化高管的地位和权威进而提高管理效率，因而应该保持适当水平的高管私有收益（Rajan & Wulf，2006）。

在职消费由于其隐蔽性特征，成为国有企业管理人员的替代性选择，内生于国有企业面临的薪酬管制约束。卢锐和魏明海（2008）认为，在职消费是与控制权联系在一起的。一般来说，管理层权力越大，受监督越弱，就越可能享受更多在职消费（权小锋等，2010）。在我国国有企业，高管人员尤其是"一把手"，手中掌握的资源多权力大，在职务消费上具有很大的"自由裁量权"；加上制度和监管上的漏洞，高管人员在保持较低显性薪酬的同时，有很多机会扩大在职消费的种类和范围。除了正常的在职消费，"灰色消费"或异常的在职消费尤其具有伸缩性和弹性。

近年来的一些研究已发现薪酬管制（陈冬华等，2005；陈信元等，2009；徐细雄和刘星，2013）、市场化改革（辛清泉和谭伟强，2009；陈信元等，2009；陈冬华等，2010）、政府干预（张敏等，2013）等，还有一些研究结合我国国有企业所处政治制度环境中的"政治干预"，研究发现，纪委的治理参与（陈仕华等，2014）、政府审计（褚剑和方军雄，2016）等治理机制在抑制高管超额在职消费中所扮演的重要监督角色，此外，还有一些研究发现，外部治理如媒体监督（翟胜宝等，2015；耿云江和王明晓，2016）也能够抑制高管超额在职消费的攫取。

孙世敏等（2016）认为，机构投资者兼具投资者和外部监督者双重身份，拥有丰富的产业与公司相关信息，专业技能和经验比较丰富，有能力对高管行为进行有效监督。同时，机构投资者持有较大份额的公司股份，有动机对高管行为进行监督，持股比例越高，对高管监管的欲望和动机越强。克莱森斯等（Claessens et al.，2002）研究发现，机构投资者持股比例与在职消费呈负相关关系，说明机构投资者能在一定程度上缓解高管与所有者之间的代理问题，这一关系在代理成本较高的公司中表现得更为明显。王善平和李志军（2011）研究发现，商业银行持股可以减少代理成本，国有公司表现更为突出。李维安和李滨（2008）研究认为，机构投资者在提升公司治理水平方面发挥重要作用，有助于降低代理成本。

2.2.2 机构投资者影响高管非正常薪酬水平

在由行政型治理向经济型治理转型过程中衍生出的"内部人控制"问题，使高管权力可能凌驾于公司治理机制之上，这让高管有强烈的意愿和绝对的能力去谋求自身的私有收益（权小锋等，2010）。高管层作为"内部人"往往对董事会有很大的控制权和影响力，在对其自身的薪酬激励契约制定以及考核执行中有着很大的权力（Finkelstein，1992）。特别是在内部人控制条件下，高管层激励契约的决定存在内生性，其可凭借掌握的权力以多种方式（如通过控制董事会）实现自身收益最大化，使旨在降低代理成本的激励机制反而变成了代理成本的源泉。

别布丘克和弗里德（Bebchuk & Fried，2003）研究发现，高管层可以通过权力来影响自身薪酬水平，高管层权力越大，租金汲取的能力就越强，越有可能自定薪酬。库哈恩和茨维伯尔（Kuhnen & Zwiebel，2008）通过构建理论模型证明了高管层会综合权衡其能实际获得的正常薪酬和非正常薪酬的财富效应，尽一切可能来自定薪酬以获取高薪。法贺恩布兰奇（Fahlenbrach，2009）采用两职合一、董事会规模、独立董事占比、机构投资者持股集中度以及 G 指数来衡量高管层权力，研究发现，高管层权力能够显著提高总薪酬水平。在股权分散时，缺乏有效制衡的经理人可能通过干预薪酬契约的制定过程获取高额薪酬，本身形成一种特定的代理问题（Daily et al.，1998）。

阿尔马赞等（Almazan et al.，2005）指出，机构投资者作为相对独立的外部监督者，其持股比例的高低对高管行为有着显著的影响，持股比例越大对高管薪酬的约束作用越强。陈晓珊和刘洪铎（2019）研究发现，机构投资者持股的深度和广度都有助于降低高管超额薪酬，并且后者的抑制效应相对较大。分投资者类型来看，证券投资基金持股比例与高管超额薪酬正相关，券商、保险公司、社保基金、信托公司等机构投资者持股比例与高管超额薪酬负相关，未有证据表明 QFII、财务公司、银行等机构投资者持股与高管超额薪酬存在明显的相关性。他们总结券商、保险公司、社保基金以及信托公司等机构投资者在降低上市公司代理成本方面主要扮演"监督者"角色，证券投资基金更多体现为"合谋者"，而 QFII、财务公司、银行等机构投资者主要持"旁观者"的态度。陈文哲等（2014）研究发现，境外战略投资者能有效抑制银行高管薪酬的过度支付。

2.2.3 文献评述

通过该部分的文献回顾可以看出，已有研究考察了机构投资者对高管隐性薪酬的影响，还发现不同类型的机构投资者发挥的作用是不同的，但考察银行境外战略投资者对银行高管隐性薪酬影响的相关研究较少且视角不够全面。因此，我们有必要在同一个框架内从显性薪酬和隐性薪酬双重视角研究境外战略投资者发挥的作用，这样才能够更加全面客观地评价引入境外战略投资者的治理效果，同时也可以填补目前国内相关研究的空白。

2.3 引入境外战略投资者的经济后果

本部分内容主要是梳理境外战略投资者积极参与公司治理，会对银行哪些方面产生影响。结合已有研究，将从银行盈余管理、经营绩效和风险承担水平三个维度对境外战略投资者产生的经济后果进行总结和评述。

2.3.1 境外战略投资者影响企业盈余管理

2.3.1.1 银行高管薪酬激励与盈余管理行为

银行平滑盈余行为是指银行有目的地控制对外盈余信息披露的行为，当银行预期当期报告的盈余较低时，少计提贷款损失准备以提高盈余水平，当预期盈余较高时，多计提贷款损失准备以降低盈余水平（Collins et al.，1995；Fonseca & Gonzalez，2008）。已有研究认为，银行管理层平滑盈余能够降低盈余的波动性，可以隐藏其真实风险水平或风险承担行为，从而改变监管当局和市场参与者对其风险的感知与判断，降低来自监管当局的监管约束和市场参与者的市场约束（Trueman & Titman，1988；Ahmed et al.，1999；Goel & Thakor，2003）；同时，银行管理层出于自利动机平滑盈余，包括最大化其薪酬水平（Lambert，1984；Cornett et al.，2009），降低来自董事会解雇的概率（Fudenberg & Tirole，1995），降低财务危机破产的风险（Trueman & Titman，1988）。

从实证文献来看，一些研究得出了贷款损失准备与银行利润呈正向关系，发现银行存在通过贷款损失准备手段来平滑盈余（Wahlen，1994；Collins et al.，1995；Perez et al.，2004）；另一些研究则没有发现银行存在平滑盈余的操纵行为（Beatty et al.，1995；Ahmed et al.，1999）[1]。莱文和马克诺尼（Laeven & Maknoni，2003）、比克和梅特泽默克斯（Bikker &

---

[1] 柯林斯等（Collins et al.，1995）、比弗和恩格尔（Beaver & Engel，1996）以及艾哈迈德等（Ahmed et al.，1999）研究发现，银行存在通过计提贷款损失准备来管理资本，降低来自监管当局的监管约束和市场参与者的市场约束，有资本管理的动机。

Metzemakers，2005)① 利用跨国银行数据检验了银行平滑盈余行为，他们发现各国间存在差异，但并没有深入分析差异产生的原因。沈和吉（Shen & Chih，2005）利用跨国银行数据发现更强的投资者保护和更为透明的会计信息披露，能够降低银行盈余操纵程度，提高银行财务信息质量。丰塞卡和冈萨雷斯（Fonseca & Gonzalez，2008）同样发现了 41 个国家在银行平滑盈余行为上存在差异，并解释了产生差异的原因，他们发现，在监管体制约束严厉、资本市场不发达、投资者利益保护较好和会计信息披露透明的国家，银行平滑盈余行为会减少。

詹森和墨菲（Jensen & Murphy，1990a）发现，当公司股票市值增加 1000 美元，CEO 的股权类薪酬水平大概上升 3.25 美元，显然 CEO 的价值和股东价值并不是很一致的。詹森和墨菲（Jensen & Murphy，1990b）在随后的一篇文章中研究认为，CEO 的薪酬水平不能很好地降低由控制权和所有权不一致而产生的代理问题，他们建议最有效的薪酬激励机制应该是提高 CEO 的薪酬绩效敏感度。为了诱使 CEO 能够最大化股东价值，董事会应建立较高的薪酬绩效敏感度或者是以股权类薪酬为主的薪酬激励机制。因此，那些薪酬绩效敏感度较高的企业高管层就有强烈的动机去管理盈余以提高企业的利润水平和 CEO 的财富。

兰伯特（Lambert，1984）构建了一个两时期的薪酬契约理论模型来解释高管层存在平滑盈余行为，当第一期的绩效水平较高时，第二期薪酬水平的边际效用就会降低，这时高管层会选择在第一期降低企业绩效以便增加未来绩效奖金的现值，以保证两时期薪酬激励的效用最大化。

科内特等（Cornett et al.，2009）研究了美国大银行薪酬绩效敏感度与银行盈余管理程度之间的关系，研究发现了薪酬绩效敏感度较高的银行往往有着更高的盈余水平，表明银行股东有效地激励了高管层，另外，发现薪酬绩效敏感度与银行盈余管理程度显著正相关，说明了银行高管会管理盈余以最大化其薪酬水平，银行高管层存在着基于薪酬激励契约的盈余管理动机。

---

① 他们采用跨国银行数据主要探讨贷款损失准备的顺周期性问题，并研究了银行平滑盈余行为，但和已往研究观点迥异，已往研究主要认为，银行平滑盈余行为会损害股东的权益，但是他们在文中都认为银行平滑盈余行为对银行业存在积极影响。因为他们发现银行存在顺周期性，即贷款损失准备与 GDP 增长率存在负向关系，但银行若存在平滑盈余行为，会减少顺周期性造成的不良效应。

2.3.1.2 境外战略投资者影响盈余管理

国外有大量文献研究了机构投资者对盈余管理行为的影响，这些文献大多是基于公司治理的角度，分析了机构投资者通过改善公司治理水平，来影响高管的盈余管理行为。其中有些文献直接检验了机构投资者与盈余管理之间的关系，例如，拉吉戈帕尔等（Rajgopal et al.，1999）认为，机构投资者的入股并不会诱使企业高管层采取短视行为，同时高管认为机构投资者要比其他单个的分散股东具有更多的私人信息优势，研究结论为机构投资者持股比例与可操纵性应计利润呈显著负相关关系。钟等（Chung et al.，2002）利用可操纵性的应计利润来衡量盈余管理程度的大小，检验了机构投资者持股的公司治理效应，研究发现，机构投资者持股可以有效抑制管理层去调增或调减利润水平以最大化其私人控制权收益。约等（Yeo et al.，2002）研究发现，机构投资者持股比例与盈余质量呈显著的正相关关系。科内特等（Cornett et al.，2008）研究发现，机构投资者股东持股比例和向董事会派驻董事的比例，都能显著降低管理层的可操纵性应计利润水平，有效抑制了管理层管理盈余的机会主义行为。埃德曼（Edmans，2009）论证了机构投资者能够"看到"高管层是否管理了盈余行为，如果上市公司确实存在盈余管理的行为，机构投资者会"用手投票"，约束并监督高管层，抑制其盈余操纵的行为[①]。

关于境外战略投资者与盈余管理行为关系的研究。吴等（Wu et al.，2012）是第一篇研究境外战略投资者与银行盈余管理行为关系的文献，文章发现，境外战略投资者能抑制银行管理盈余避免利润亏损，但不能抑制银行管理盈余避免利润下滑，而且发现，对于我国股份制商业银行，不管有无境外战略投资者持股，其都不存在盈余管理的行为，但城市商业银行都存在盈余管理的行为。但他们的研究结果仅仅是基于对境外战略投资者持股银行和无境外战略投资者持股银行的盈余管理行为作对比统计分析得到的，并未对其作用机制进行深入分析，不能充分反映与境外战略投资者相关的公司治理变量。梁琪等（2012）的研究，采用境外战略投资者持股比例、派驻董事成员和制衡银行第一大股东作为机构投资者参与公司治理的衡量变量，并结合我国银行所有权结构的差异，来实证研究境外战略投资者对我国银行平滑盈

[①] 戴维森（Davidson et al.，2005）从公司内部治理结构的角度出发，证明公司内部治理结构与盈余操纵是有机联系的，内部治理结构的完善可以有效抑制盈余操纵行为。

余行为的影响,发现股份制商业银行不存在平滑盈余行为,但国有控股商业银行和城市商业银行存在平滑盈余行为;境外战略投资者通过改善银行公司治理结构有效抑制了银行的平滑盈余行为,但抑制效应仅在城市商业银行中显著存在。

2.3.2 境外战略投资者影响银行经营绩效、风险承担水平

关于银行绩效,已有研究认为,境外战略投资者参与银行公司治理能够提高银行绩效。他们研究认为,境外战略投资者的引入可以强化银行的股权约束,增强内生权力的基础和刚性,从而改善银行的公司治理结构,境外战略投资者能通过"用手投票"的方式来监督银行管理层,降低银行管理层的控制权私人收益行为,从而提高银行的信息披露质量,提高企业经营绩效(田国强和王一江,2004;蔡卫星和曾诚,2011;Wu et al.,2012)。朱盈盈等(2011)发现,战略投资者可以引导银行的经营战略,优化业务结构,促进中间业务收入的提高。佩纳图尔等(Pennathur et al.,2012)研究也发现,战略投资者对收入多样性有显著影响。但也有少数文献持相反观点,认为境外战略投资者充当了财务投资者的角色,不会积极采取措施改善银行的公司治理结构,也不能有效约束和监督银行管理层的行为(占硕,2005;Lin & Zhang,2008),对银行经营绩效没有影响。

关于风险承担水平,陈文哲等(2014)认为,境外投资者作为股东为了获得更高的投资回报具有提升银行管理机制、风险管理水平的动力。程等(Cheng et al.,2016)认为,战略投资者作为目标银行的监督者,可以阻止银行的高风险行为,降低银行风险承担,改善风险管理。朱和杨(Zhu & Yang,2016)发现,境外战略投资者的引入将会显著提高国有商业银行的抗风险能力。

关于银行效率,已有研究得出了不一致的结论。克拉克等(Clarke et al.,2005)指出,政府将国有商业银行的股权出售给战略投资者将更有效率,伯杰等(Berger et al.,2009)发现,中国的"四大"国有商业银行引进境外战略投资者可以提升其效率水平。何蛟等(2010)指出,在引入境外战略投资者以后,国有控股银行的成本效率和利润效率均有明显的提升。然而,还有一些学者认为,战略投资者可能不会影响商业银行效率,甚至可能是偏负面的影响。例如,侯晓辉和张国平(2008)研究得出,战略投资者的引入

对技术效率没有显著影响。毛洪涛等（2013）发现战略引资将会降低被引资银行的效率水平。基于以上分析，郭晔等（2020）认为，战略引资的效果可能会受到制度、宏观经济发展水平、竞争环境、银行系统的发达程度、金融监管水平等多重因素影响，战略投资者对商业银行效率不能一概而论。郭晔等（2020）研究发现，引入战略投资者能显著提高我国城市商业银行的效率。从细分战略投资者类型来看，境内金融机构战略投资者是商业银行战略引资时的最佳选择，然后是境内非金融机构战略投资者，再然后是境外战略投资者。

2.3.3　文献评述

通过该部分的文献回顾可以看出，境外战略投资者对银行盈余管理、经营绩效以及风险承担水平影响的研究并没有得到统一的结论，归根到底是对境外战略投资者是否能提高银行公司治理水平没有形成统一的认识，这实际上会受到境外战略投资者参股动机以及行使股东权利、派驻董事参与日常经营决策的能力等多重因素影响。因此，结合已有研究文献，本书拟从境外战略投资者持股比例、派驻股东董事的情况和提供公司治理经验这三个层面来深入研究境外战略投资者引入的公司治理效果，进而直接考察境外战略投资者对银行高管薪酬激励约束有效性的影响。

2.4　本章小结

综上所述，我们在梳理文献时，系统地总结了以下三类文章。第一类是机构投资者与高管显性薪酬的文献，通过回顾该类文献，我们认为，有必要从高管薪酬绩效敏感度和高管薪酬水平两个方面来衡量境外战略投资者对银行高管的激励效果。第二类是机构投资者与高管隐性薪酬的文献，通过回顾该类文献，我们认为，有必要从高管在职消费和非正常薪酬水平两方面来衡量境外战略投资者对银行高管的约束效果。第三类是引入境外战略投资者经济后果的文献，通过回顾该类文献，我们认为，有必要从境外战略投资者持股比例、派驻股东董事的情况和提供公司治理经验三个层面来深入研究境外战略投资者引入的公司治理效果，进而考察引入境外战略投资者的经济效果。

第3章 理论分析

在文献回顾部分，我们发现很多研究不仅仅直接考察了机构投资者对高管的激励约束作用，还分析了其中的作用机制。机构投资者具备丰富的管理背景，拥有成熟的管理经验、技术以及健全完善的公司治理结构，能够提供经营管理经验、风险管控技术和内控机制，促使帮助企业建立并健全现代化的公司治理结构，激励并约束企业高管，增强高管薪酬机制的激励性和透明性，从而在一定程度上解决委托代理问题，缓解信息不对称。因此，在理论分析部分，我们对境外战略投资者参与公司治理的理论进行了总结，首先通过阐述委托代理理论引出解决委托代理问题的核心，即设计既具激励性又具约束性的薪酬机制来激励高管；其次论证公司治理如何激励约束企业高管；最后我们论证了机构投资者对公司治理的作用，并且专门结合境外战略投资者的特征，对其改善公司治理的途径进行了总结概括。

3.1 境外战略投资者参与公司治理理论

3.1.1 委托代理理论

3.1.1.1 委托代理问题

伯勒和梅斯（Berle & Means，1932）对委托代理理论进行了开创性的研究，基于伯勒和梅斯现代公司制度两权分离的观点，詹森和麦克林（Jensen & Meckling，1976）运用实证研究方法分析了股东、债权人和管理者之间的关系，研究了现代公司的委托代理问题，为代理理论的实证检验建立了初步的分析框架。而标准的委托代理模型是在罗斯（Ross，1973）、霍姆斯特罗姆

（Holmstrom，1979）、格罗斯曼和哈特（Grossman & Hart，1983）等研究的基础上建立的。接下来我们将对委托代理问题的相关理论进行简要阐述。

在现代公司制企业所有权和经营权相互分离的情况下，所有者（委托人）为企业提供经营资金并承担破产风险，经营者（代理人）为企业提供管理才能和经验负责企业的日常运作。虽然这种两权分离的模式提高了企业的经营效率，在一定程度上提升了企业价值，但通常情况下企业所有者与经营者的利益是不一致的，两者的效用函数之间存在着较大差别。此外，企业所有者与经营者之间往往存在严重的信息不对称，经营者较企业所有者处于信息优势地位，在现代两权分离的企业制度下，企业股东委托人不能直接参与并干涉企业的日常经营活动，因而无法直接获取企业的内部经营信息，毋庸置疑，企业高管层拥有比其他利益相关者更充分、更及时的内部相关信息。泰欧等（Teoh et al.，1998a）认为，企业高管层拥有着大量的关于企业经营状态等私人信息以及内部信息，而委托人股东由于获取这些内部信息的成本较高，企业高管层可以利用这些内部信息攫取其自身利益最大化。委托代理双方间的信息不对称使内部信息的交流被严重阻碍，委托人与代理人的利益不一致，会使企业高管层不太愿意向其他利益相关者传递其所掌握的全部私人信息和内部信息，或者倾向于向利益相关者传递经过粉饰的、人为操纵的不准确信息。企业高管层凭借这种内部信息优势，攫取委托人的权益以实现自身利益最大化而非委托人利益的最大化。

利益不一致会诱使经营者做出损害企业所有者利益行为的动机，而信息不对称则使这种动机有付诸实施的可能，因此，经营者最大化自身利益、侵犯企业所有者利益的现象较为频繁，主要表现在以下两个方面：（1）企业高管层凭借其内部人权力和地位更偏好享受高额的"在职消费津贴"和隐性薪酬，从而攫取企业所有者的利益；（2）高管层更关注短期利益，具有"短期行为"偏好，高管层为了得到较高水平业绩奖金薪酬，往往更关注其任期内企业绩效的短期提升，从而可能会牺牲企业的长期利益，损害所有者权益。因此，经营者的行为并不一定是股东利益（公司价值）最大化的执行者（Fama，1980）。施莱弗和维什尼（Shleifer & Vishny，1997）考虑了不存在股东监督的情况，高管层若可自由选择薪酬水平，他们将通过构建帝国（empire buidling）、不适当的投资以及内部人交易（insider trading）等形式增加非货币福利来攫取其私人收益最大化。库哈恩和茨维伯尔（Kuhnen & Zwiebel，2008）证明了高管层会综合权衡其能够实际得到的显性薪酬和隐性薪酬的财富效应，尽一切可能自定薪酬结构以获取更高的总薪酬水平，另外，高管权力不仅会影响董事会对其薪酬结构的制定，而且会影响高管层的在职消费等。

学者们一般将上述问题归结为股东和管理层之间的经典委托代理问题。当企业股权结构较为分散时，每个单一的股东缺乏对管理层控制和监督的动机，管理层往往会选择最大化自己的利益，因此，股东为了维护自己的利益，更倾向于选择集中的股权结构①，凭借其大股东的优势地位有效地约束和监督管理层，降低管理层的机会主义行为，解决中小股东对管理层监管乏力的问题。但是近年来，学者们发现，集中的股权结构会导致大股东和小股东之间的冲突代理②，大股东凭借其自身优势攫取其他中小股东的利益。在那些法制环境较差、投资者保护力度较弱的国家，由于大股东特别是控股股东在股东会和董事会握有绝对的话语权，其他中小股东难以与其形成制衡，控股股东对中小股东利益的侵占就成为公司最突出的代理问题。这种利益输送行为被学者们称为"堑壕效应"。而通过这种"隧道行为"（tunneling），控股股东仅承担部分成本就能获得高于其应得收益的超额收益。

3.1.1.2 薪酬机制是解决委托代理问题的关键

无论是第一类委托代理问题还是第二类委托代理问题，问题的根源是双方利益不一致，再加上双方之间的信息严重不对称，代理方侵占委托方的利益就司空见惯了。尽管委托代理理论模型经历由单任务模型③向多任务

---

① 施莱弗和维什尼（Shleifer & Vishny, 1986）认为，股权结构分散的单个股东由于其监督要花费巨大的成本，难以有效发挥监督管理者的职能，从而实现公司价值的最大化，所以股权集中度与公司价值之间存在显著的正相关关系，也即股权集中支持了监督假说（Cho, 1998；Morck et al., 2000）。

② 从 20 世纪 90 年代开始，越来越多的学者发现，分散的股权结构并不普遍，世界上很多国家的股权结构是相当集中的（Shleifer & Vishny, 1997；Laporta et al., 1999），在这些国家，由于法律对投资者的保护力度不够，股权集中就成了法律对股东保护的替代机制，因为只有大股东才能有足够的监督激励动机，以维护其利益。

③ 最初的委托代理分析方法是建立在单一委托人（Bemheim & whinston, 1986）、单一代理人及代理人单任务模型（Spenee & Zeekhauser, 1971；Ross, 1973；Holmstrom, 1971；Stiglitz, 1974）基础上的；由于与大多数现实情况不符，其解释能力有限，很难用于分析较为复杂的经济组织问题（Holmstrom & Milgrom, 1991；张维迎，1996），经过 30 余年的发展，委托代理理论已由传统的双边委托代理理论，发展出多代理人理论，涉及单一委托人、多个代理人及单一事务的委托代理模型（Holmstrom, 1982；Wookherjee, 1984；Demski & Sappinngton, 1984；Maleomson, 1986；Bohn, 1987；Ma, 1988；Rasmusen & Zenger, 1989；Levitt, 1995；Bester & Strausz, 2000），共同代理理论，涉及多个委托人、单一代理人以及单一事务的委托代理模型（Bernheim & Whinston, 1985；Martimort, 1996；Mexxetti, 1997；Bernard, 1999；Martimort & Parigi, 2003；Bergemann & Valimakit, 2003）。

模型①的发展，研究方法也由静态比较向多阶段动态化发展。但是它总存在着一个核心问题：在非对称信息情况下，委托人如何设计或选择最优的契约机制②（包括隐性契约）来使代理人与委托人的利益相一致，从而减少代理成本。

两权分离引发了高管层的机会主义动机，同时信息不对称使得机会主义行为的存在成为可能。因此，企业股东不得不支付一定的费用来约束监督高管层的行为以减少损失，这就是代理成本。从理论上讲，通过设计科学合理的薪酬激励契约，可以在一定程度上缓解委托代理问题、降低代理成本。尽量使高管层能以所有者利益最大化为自身的决策行为准则，从而缓解委托人与代理人效应函数不一致，降低代理成本。

经济学理论一般强调的是激励约束对企业效益的影响，进而会影响高管层的经济活动或决策行为。经济学理论研究的基本前提假定是"经济人"行为假设，即薪酬越高，高管层工作越努力；薪酬不变时，高管层总是设法偷懒。这意味着设计科学合理的薪酬激励机制是激励高管层努力工作的重要手段，同时也意味着设计有效的约束和监督惩罚机制是避免高管层偷懒的重要手段。

激励机制，是指委托人（激励主体）通过激励契约的安排设计与企业所有员工（激励客体）相互作用的形式。近年来，随着高级人才的作用日益突出，更倾向于对企业高管层的激励。因此，激励机制的核心是调动高管层的积极性，发挥个人潜能，使高管层与股东利益保持一致。约束机制则主要是委托人（约束主体）通过一系列的监督约束机制与企业所有员工（约束客体）相互作用的形式。这些相互作用的形式既表现为企业的规章制度和公司治理制度，又表现为有着约束作用的文化传统、价值观念和道德标准。约束企业高管层行为的目标，监督与约束企业高管层行为的这些所有因素和因素的相互作用，构成了一整套完整的对企业高管层行为的约束监督机制。委托代理问题的逻辑关系如图3.1所示。

---

① 多任务代理理论，涉及单一委托人、单一代理人、多项事务的委托代理模型（Holmstrom & Milgrom，1991；Slade，1996；Bai，2000；Bai & Xu，2001；Dikolli & Kulp，2002；Gareia，2003）。

② 契约激励机制的最终设立是委托方和代理方利益主体博弈的均衡结果，一般情况下要满足三个基本条件：第一，激励相容，即代理人以追求自身利益最大化的原则来选择其所采取的行为；第二，参与约束，即代理人从其采取的行为中获得的效用不能低于其保留效用；第三，委托人效用最大化，即委托人从代理人采取的代理行为中获得其效用最大化。

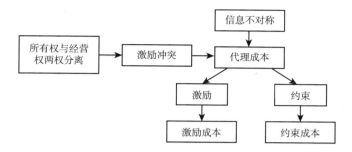

图 3.1　委托代理问题的逻辑关系

　　2007 年次贷危机的爆发，也使我们进一步认识到对银行高管激励和约束机制的重要性。由于缺乏有效的监督约束，金融业高管层在获取天价薪酬的同时采取高风险行为，严重侵占了企业利益，理论界和实务界对降低高管层的天价薪酬、减少银行承担过多风险的呼声越来越高。我国银行业虽未受金融危机巨大冲击，但银行内部也存在着严重的委托代理问题。中资银行部分高管的"天价薪酬"受到了广泛的关注并引起了激烈的争议。一方面，银行高管的薪酬并没有与银行绩效相对应，业绩最好的银行高管未必能达到最高的薪酬水平，而且在利率没有完全竞争的情况下，银行业的利润具有垄断性质，银行业利润的大幅增长并不能成为银行高管薪酬大幅涨幅的理由。另一方面，银行业高管层也存在着自我激励和盈余管理行为的嫌疑，存在着最大化其自身薪酬利益的动机。恰恰反映了国有商业银行所有者的缺位和内部人控制问题。

　　首先，股东激励约束方面（内部人控制）。例如，现阶段经过股份制改革后的国有控股商业银行，政府通过设立汇金公司来间接持股中资商业银行。汇金公司目前以代表国家行使股东职权，向中资银行派驻了董事，积极参与银行公司治理，但汇金公司的定位与市场化为载体相矛盾。其承担的出资人职能无法充分有效地发挥作用。对银行高管层内部人的股东约束就形同虚设。同时汇金既作为市场的参与者，又是仲裁者，难以形成有效的制衡机制，无法对银行高管层的经营管理活动进行充分有效的监管。

　　其次，市场方面。随着金融对外开放的深化，外资银行不断进入，原来高度垄断的市场结构逐渐向有限竞争的金融市场结构过渡，逐步形成银行业多层次的竞争格局。但现阶段，我国商业银行仍然带有较高的垄断特征，从资产、存贷款以及利润总额等各个衡量市场份额的指标来看，"四大"国有商业银行明显居于主体地位。特别是在市场某些准入条件方面来说，仍然突出地表现为行政方面的严重壁垒。目前银行业的市场格局在一定程度上仍然处于垄断竞争的形态，还难以达到完全规范充分竞争、公平的要求。另外，由于银行特殊的公司治理特征和信息的严重不对称性，再加之金融市场的非充分有效性，来自债权人的市场约束机制更是无法发挥有效的约束作用。存款者更是寄托于监管层能够对银行高管层实施有效的监督约束机制。在我国，银行高管层主要是由政府委派，而没有形成对高管市场的有效竞争和约束，因此，在这种银行高管市场不完善的情况下，对我国商业银行高管层的激励和约束明显也是不足的。

最后，法律和银行内部自身方面。我国商业银行在改革、发展的过程中出台了大量的规章制度和法律规定。但是，近年来国际全球化继续深入，市场和政策等多种因素的不确定性，都使部分规章制度和法规已经不能适应目前的情况。来自制度和法律层面的约束机制建设缓慢，不能起到有效的监督约束作用。另外，我国商业银行在内部规范和约束方面的安排上还存在着一些问题，使内部机制约束作用大打折扣。

我国商业银行国有股权相对集中，中小股东往往由于监督成本较高，没有意愿和动力监督和约束银行高管层的私人收益行为，同时董事会和监事会的相关人员也拿的是高薪，对高管层薪酬激励的约束往往十分有限。另外，市场、法律和内部自身的约束作用也不能正常发挥，银行高管层薪酬逐年水涨船高，而普通员工薪酬收入增长却比较缓慢。因此，有效约束中资商业银行的高管层尤显迫切。

3.1.2 机构投资者参与公司治理

机构投资者积极参与公司治理，是外部机构股东对企业高管层及控股股东"内部人"行为的一种监督机制，但会受到相关环境制度因素的制约。因此，机构投资者是否选择参与公司治理，主要是基于其在制度适应的环境下，通过比较收益成本做出的一种策略行为决策（Shleifer & Vishny，1986）。这也意味着以下两层基本含义：一方面，作为一种公司治理机制，机构股东参与公司治理要受其所处的制度环境的约束，主要包括特定的投资时期、特定的投资国的政治、法律、经济、文化以及原有的公司治理模式和股权结构等，这些因素会影响机构股东在发挥公司治理功能时所产生的交易费用，从而影响其公司治理效率；另一方面，从微观层面来讲，作为外部机构股东，机构投资者选择何种决策，主要是基于其在不同的策略之间进行收益成本比较的最优结果（Pozen，1994；Smith，1996），可能其在投资某个企业时充当的是财务投资者，只为关注其投资的短期收益，也有可能在投资另外一个企业时就会充当积极的监督者来约束和监督企业"内部人"的机会主义行为，抑制"内部人"攫取其利益，更加关注长期利益。例如，科等（Ko et al.，2007）发现，由于机构投资者持股目的存在较大差异，日本和韩国的机构股东持股比例就表现出与股票收益率截然不同的关系，日本的机构投资者（主要为银行）持股主要的目的是与企业保持商业上的联系，而韩国机构投资者主要的目的是获取短期的投资回报，因此，虽然韩国的机构投资者持股总体水平比较偏低，但其与股票收益率呈现出显著正相关的关系。

庞德（Pound，1988）基于机构投资者对公司治理的不同态度，提出了下列三种假说：效率监督假说（efficient monitoring hypothesis）、利益冲突假说（conflict of interest hypothesis）和战略联盟假说（strategic alignment hypothesis）。效率监督假说认为，机构投资者股东持股比例较大，在参与公司治理方面具有明显的规模经济效应，更容易获得企业内部信息；同时，机构投资者具备专业知识和公司治理经验，积极参与公司治理的监督成本较低，更有意愿和动力去监督管理层，提升公司价值，关注长期收益的最大化①。相反，利益冲突假说和战略联盟假说均对机构投资者的积极监督角色提出了较大的质疑。利益冲突假说认为，机构投资者本身也会存在代理问题，机构投资者积极主义的行为并不一定是股东利益的最大化，存在机构投资者的管理人为谋求私利从而攫取受益人利益的可能，因而会限制其监督企业高管层的效果（Murphy & Van Nuys，1994）。战略联盟假说认为，机构投资者与企业存在着业务上的往来，机构股东有动机和管理层合谋或直接屈服于管理层，因而机

---

① 施莱弗和维什尼（Shleifer & Vishny，1986）研究认为，机构投资者股东可以作为公司治理机制的重要环节，因为机构股东可以在一定程度上缓解企业股权高度分散从而造成的"搭便车"问题，凭借其持有的股权加强企业内部的监督体系，最大化股东价值。金和维瑞基亚（Kim & Verrecchia，1994）、巴默和金（Bamer & Cheon，1995）等也发现，机构股东相较于个人股东拥有更专业的知识和更强的信息处理能力，可以形成有效的企业外部治理机制。科菲（Coffee，1991）的研究发现，当机构投资者认识到出售其所持有股权的成本变大，无法自由地交易其大额股权时，其会更加积极地监督企业管理层的行为，积极参与公司治理，更加专注于长期收益。科赫哈尔和大卫（Kochhar & David，1996）同样认为，由于机构股东持股份额较高，如果出售股份必然会引起股价的大幅下跌，从而造成重大损失，所以从长期来看，机构股东会成为"积极的监督者"，支持了科菲（Coffee，1991）的结论。

构投资者并不利于企业公司治理的改善①。此外，还有一些学者（Agrawal & Knoeber，1996；Mak & Li，2001）支持无效论假说，认为机构投资者不会积极参与公司治理方面的建设，也不会为了监督企业高管层和控股股东付出过高的成本，因而其公司治理效果甚微②。

虽然对机构投资者治理作用存在上述争论，但随着机构投资者的长足发展，其作为积极股东治理的角色也获得了广泛的重视和关注。已有研究发现，机构投资者积极参与公司治理的建设，例如信息披露机制（Ali et al.，2008）、高管薪酬及薪酬绩效敏感度（Croci et al.，2012；Fernandes et al.，2012）、并购决策（Bethel et al.，2009）、盈余管理行为（Koh et al.，2003、2007；Chung，2005）、国际战略投资（Laszlo & Alan，1998）以及企业研发支出（Wahal et al.，2000）等不同方面。当然得出的研究结论也并不一致，有些研究认为，机构投资者积极参与了公司治理，有效约束和监督了企业高管层的机会主义行为和控股股东的"堑壕效应"行为；而有些研究则不支持机构投资者在公司治理方面的建设作用，认为由于其监督收益成本受到很多方面的影响，从而降低了机构投资者监督高管层和控股股东的意愿和动机，相反，有时候其会诱使管理层为了迎合其利益而进行盈余管理等人为操纵投机行为。

3.1.3 境外战略投资者影响银行公司治理、薪酬机制的途径分析

吉兰和斯塔克斯（Gillan & Starks，2003）专门对机构投资者持股与公司治理效应进行了系统性研究，他们把机构投资者分为境外机构投资者和境内机构投资者两大类，发现相对于境内机构投资者来说，仅有投资关系的境外机构投资者通常能够坚持自己的投资理念，不受短期目标影响，着眼于长期回报，更愿意去采取股东积极主义，有动机参与公司治理、约束管理层，改

---

① 利普顿和罗森布鲁姆（Lipton & Rosenblum，1991）、沃尔斯泰（Wohlstetter，1993）研究发现，机构投资者过于追求短期利益最大化，忽视了企业长期利益目标的实现，从而长期来看降低了公司的整体价值。波特（Porter，1992）和比德（Bhide，1993）研究发现，机构股东由于受到短期利益目标的驱使，会频繁交易其持有的股份，削弱了机构股东参与公司治理的积极程度，反而会刺激企业高管层为了迎合机构投资者的利益进行管理盈余等其他投机行为，形成机构投资者与高管层之间的共谋。

② 帕里诺等（Parrino et al.，2003）研究发现，在公司业绩水平差强人意的时候，有些机构投资者宁愿"用脚投票"卖出股票，也不愿意参与公司治理去影响企业高管层和控股股东。

善企业公司治理结构；而那些境内机构投资者由于和企业存在业务联系，在参与公司治理时往往更愿意采取中庸或者支持现任高管层的态度，公司治理水平无法提高。费雷拉和马托（Ferreira & Matos，2008）发现，境外独立机构投资者对企业价值有着显著的正影响，而对境内"灰色机构"投资者来说，对企业价值的正影响不显著。此外，费雷拉等（Ferreira et al.，2010）、阿加沃尔等（Aggarwal et al.，2011）都发现，境外机构投资者和公司决策有着重要的联系，例如公司更换高管、公司重大并购、资本融资行为等。

从发达国家境外战略投资者积极参与公司治理的相关经验来看，其发挥治理效应的途径和方式是多种多样的，主要包括在例会上积极使用投票权、竞争代理投票权、推荐董事、提升公司战略、发起诉讼、私下与公司高管层进行协商、推进信息快速披露机制、在企业年会上提案以及机构投资者联合行动等。大致可以归为四类行为方式：直接行业层面的治理、间接行业层面的公司治理、直接公司层面的治理以及间接公司层面的治理。直接治理主要是指机构股东亲自参与公司治理并发挥治理效应，而间接监督则是机构股东通过代理方式来发挥治理效应。各种监督方式的收益和成本均不同，以及其自身也存在优缺点，机构股东往往会考虑各种因素来选择最适合的监督方式。以下我们对境外战略投资者积极参与公司治理结构的途径进行归纳梳理。

3.1.3.1　境外战略投资者持股行使股东权利分析

股权是股东行使对管理层监督权和拥有对公司剩余索取权的基础，股权结构在公司治理中起着非常重要的作用。其决定了股东结构的构成和股东大会，进而影响整个内部监督机制的构成和运作，从这个意义上说，股权结构与公司治理结构中的内部监督机制直接发生作用，并通过内部监督机制对整个公司治理的效率产生作用（郑德理和沈华珊，2002）。施莱弗等（Shleifer et al.，1997）也认为，股权结构在股东对高管层的控制和公司治理机制方面起着关键作用。

在现代股份制企业中，一旦确立了股权的结构，就等于明确了决策规则，同时也随之确立了剩余索取权与剩余控制权的匹配方式。在控制权能够竞争的股权结构模式中，剩余索取权与剩余控制权是互相匹配的，持有股份比例较大的股东就有动力去向高管层施加压力，促使其努力工作并采取最大化公司价值的决策行为。

公司的股权结构构成状况中，特别是那些持股比例较大的股东对企业高管层和控股股东的监督动力、监督能力以及监督模式的形成有着非常重要的影响，而且股权结构的差异也就决定了所有权对高管层经营权的监督效率。有效的约束和监督机制明显有利于降低委托代理成本，降低内部人的机会主义行为，提高企业组织效率，使高管层的利益与股东利益最大化保持一致。

由于监督是一种"公共品"，监督机制具有较强的"外部性"特征，主要表现为承担监督者角色的股东来承担监督成本，而所有的股东共享其带来的监督收益。对于那些持股比例较大的股东来说，因其会按照所持股份来分享监督收益，而如果缺乏对高管层等内部人的监督，也同样会相应地按照其所持股份来承担损失的较大部分，按照以往经验，损失的部分会远大于其承担监督者所需支付的监督成本，所以持股比例较大的大股东既有能力去承担监督成本，也有意愿和动力去担任公司的监督者。相反，那些持股比例较小的股东既没有监督的意愿和动力，同时也没有承担监督者的能力，在较高的监督成本面前，他们往往更多地选择"搭便车"。施莱弗和维什尼（Shlerifer & Vishny，1986）基于理论模型说明了只有当公司收购者是公司的大股东时，其才能成功地接管公司。持股比例较小的分散小股东无法从成本较高的监督中获益，而大股东却可以。

境外战略投资者的引入使银行的股权结构多元化，强化了股权约束。境外战略投资者为了维护自己的利益，会积极参与到银行的经营管理和公司治理中，能凭借其持有的股权对大股东和管理层的行为进行激励和监督。但监督是有成本的，例如信息搜集成本、潜在流动性成本（Noe，2002）和"搭便车"问题（Admati et al.，1994），从而使境外战略投资者在参与银行公司治理时，会在收益和成本之间进行衡量。而境外战略投资者参与银行公司治理所获得的收益又在很大程度上取决于其在银行的持股比例。那么，境外战略投资者持股银行比例越高，积极参与银行公司治理获得的收益就越高，也越有动力去监督银行大股东和管理层的控制权私人收益行为。因此，我们预期境外战略投资者持股银行或持股比例越高，越能积极参与银行的公司治理，越能有效激励和约束银行高管层。

此外，在股权集中的公司中，如果控股股东没有兼任公司的管理层，则控股股东会有动力和意愿，也会有能力去监督高管层。因为控股股东持股比例较大，对公司具有绝对的控制权，同时又具有信息优势，较之其付出的监督成本而言，监督收益更大，从而其决策正确的可能性比较大。一股一票的投票制度为控股股东在企业的最终战略决策中的发言影响力提供了坚实的保障，从而能够充分发挥其监督机制的作用。

在股权结构相对集中，控股股东存在的公司中，如果还有可以相互制衡的其他大股东的存在，这样的股权结构就很容易形成相互监督的制约机制，从而股东的监督效率也会更高。而在一股独大的公司，控股股东虽然不是管理层，但是也基本上控制了公司的管理层，此时，中小股东对公司管理层的监督动机又微弱，而且其监督控股股东的意愿也并不是很强烈，在此种情况下，单纯依靠中小股东进行内部监督根本起不到应有的作用，还需要依靠外部市场、法制环境制度以及相关债权人等其他利益相关者的监督。控股股东为了实现其自身利益最大化，会通过"隧道效应"进行向上或向下的利益输送，同时企业管理层为了谋取任期内的连任以及最大化其获得的货币化总薪酬水平，有动机去共谋并损害其他利益相关者的利益。

控股股东掠夺一般是通过其控制权私人收益而获取的（Grossman & Hart，1986；Holdemess，2003）。控股股东的持股比例越大，其他股东对其的监督作用就会越弱，同时两者之间的信息不对称也就越严重，控股股东就越有能力攫取其他股东的利益；而现金流权与控制权的不对称也可以让控股股东的收益内部化而让成本外部化，不对称的程度越大，控股股东就越有动力去进行掠夺（张华等，2004；韩志丽等，2006）。

如果一个公司的股权制衡度较高，其他非控股股东就很容易对控股股东的私人收益行为进行监督和牵制，从而降低了单个股东在股权结构中处于绝对控股的可能性，同时也会降低单个股东控制权私人收益的规模（Blich et al.，2001），从而抑制单个大股东攫取其他股东利益的意愿和动力。而如果公司中存在着几个主要的大股东，他们在重大决策、关联交易等方面都必须进行协商，从而有效避免那些损害中小股东利益行为的发生（Zwiebel，1995）。国内外很多研究也证明了，相比那些过度集中和过度分散的股权结构来说，股权集中度适中，存在相对控股股东并且有其他大股东相互制衡和相互约束监督的公司，公司价值更高（Coffee，1991；Black & Coffee，1994；Stuart & Laura，2000；孙永祥等，1999）。

王奇波（2005）认为，机构投资者持股有助于形成相互制衡的股权结构，有利于减少大股东控制权私人收益以及大股东对中小股东的掠夺。银保监会对境外战略投资者持股比例的规定，有助于形成商业银行相互制衡的股权结构，大股东之间互相制约和监督，提高了银行的公司治理水平，降低了大股东和高管层操纵利润以获取控制权私人收益以及大股东对中小股东的掠夺的可能性。因此，我们预期境外战略投资者与银行第一大股东持股比例之比越高，银行公司治理水平越高，越能有效激励和约束银行高管层。

3.1.3.2 境外战略投资者向董事会派驻董事参与企业决策分析

董事会是股东行使权利保护其利益的重要部门，是监督和控制银行管理层行为的公司治理主要机制。在构成企业公司治理结构的诸多因素中，董事会的治理处于核心地位。董事会是一种为解决代理问题而在企业组织内部演化出来的符合市场经济原则的内生治理制度。法玛（Fama，1980）和詹森（Jensen，1983）对董事会制度做了比较清晰的阐述，他们研究认为，虽然公司控制权市场是对高管层机会主义行为最强力的约束和监督，但是，董事会是约束和监督高管层的一个成本最低的内部治理资源。它的核心任务是协调好各利益相关者的利益矛盾，并最有效率地降低委托代理成本。

经济合作与发展组织（OECD）等国际经济合作组织都认为，董事会是公司治理机制的核心内容。根据 OECD 和巴塞尔委员对公司治理的定义来看，衡量一家企业公司治理是否完善的最重要标志是董事会究竟发挥了多大的监管作用。《OECD 公司治理结构原则》中明确指出，良好的公司治理结构的目标是"激励董事会和高级管理层去实现那些符合公司价值和股东利益最大化的奋斗目标，以及提供相应有效的监督机制"。这也意味着，良好的公司治理结构追求的治理目标是致力于建设一个完备高效的董事会。只有在董事会的战略决策作用能得到切实发挥的前提下，完善的公司治理机制的建立才能发挥真正的作用。OECD 等国际组织把强化董事会的作用确立为健全公司治理机制的核心步骤。因此，董事会制度是公司治理机制的重要组成部分，甚至是治理机制的核心部分（孙永祥，2002）。

法玛（Fama，1980）和詹森（Jensen，1983）的研究都认为，董事会是现代公司战略决策和监督控制系统的高层，最适合于聘用和解雇企业高管层、监督和评估高管层的业绩，调整高管层的薪酬水平及薪酬结构，利用董事会权力监督公司高管层的决策行为，尽可能缩小高管层的利益与股东利益的偏离，因而可以缓解因所有权和经营权两权分离引致的委托代理问题。如何来安排剩余索取权、剩余风险的分担、经营决策，激励机制、行为监督控制的建设等；如何最大化公司的价值和股东的利益以及降低两权分离带来的代理成本等都是董事会的根本目的，董事会是保护股东利益、协调代理冲突的重要核心治理机制。

阎庆民（2005）指出，科学决策、相对独立以及具有监督机制的董事会可以防止大股东、实际控制人和内部人向银行掠夺或输送利益，也可以落实董事及高管人员的法律责任。安德烈斯和瓦莱拉多（Andres & Vallelado, 2008）、科内特等（Cornett et al., 2009）就发现，银行董事会成员的组成和规模都会影响银行董事监督和控制银行管理层行为的能力，他们发现，银行独立董事占比越高，银行发生盈余管理行为的可能性就越小。

当境外战略投资者参股银行时，其不仅可以聘用外部独立董事，而且可以凭借其持有的股权任命代表自己股东利益的银行董事，从而改变董事会的结构和治理效率来提高公司治理水平①。因此，我们预期境外战略投资者向银行董事会派驻外资股东董事或外资董事占比越高，越能积极参与银行的公司治理，越能有效激励和约束银行管理层。

3.1.3.3　境外战略投资者向合作银行提供公司治理经验分析

银监会在 2006 年《国有商业银行公司治理及相关监管指引》的修订版本中明确指出，我国银行业引入境外战略投资者是为了达到"引资""引智""引制"的效果。"引资"即通过出售股权来获取资金可以在短期内补充资本，提升银行资产质量；"引智"是吸取国外金融机构在金融服务、经营管理和业务领域的先进技术和经验；"引制"则是引进公司治理、风险管理等机制，优化公司治理结构、提升风险管理水平和银行绩效。

境外战略投资者入股我国银行有以下三个方面的意愿：第一，通过参股银行实现盈利分红；第二，通过投资高成长市场分散经营风险；第三，实现全球化战略部署。尽管全面开放后外资可以在中国设立分支机构，但从时间成本和文化融合等原因考虑，入股已拥有遍布全国的分支网络和广泛客户基础的中资银行不仅可以大量节约经营管理成本，还可以作为进入中国市场的切入点。

通过分析双方动机可以看出，境外战略投资者参股后银行既可实现"引资"的目的，境外投资者作为股东为了获得更高的投资回报也具有提升银行管理机制、风险管理水平和经营绩效的意愿，特别当境外战略投资者持有的

---

①　部分银行还与境外战略投资者达成了派遣高管层和咨询人员的协议，从而可以直接提高引资银行的经营管理机制、风险管控机制以及相关薄弱环节。

股份越多时，其实施积极股东主义行为的动机越强。此外，监管方对引入境外战略投资者设立了四项原则五项标准，并一再强调引资不是主要目的，实现体制和机制创新、引进先进技术和管理经验才是重点，避免境外战略投资者仅发挥财务投资者的作用。

银行引入境外战略投资者的重要目的之一在于学习国外金融机构先进的治理经验和管理技术，而"引制"的目的是通过签订合作协议、确定合作内容来保障的。我国一些银行在引入境外战略投资者时，都曾面临多家境外战略投资者的合作意向，因此，银行在确定合作关系前对候选的境外投资者进行了详细比较和合作谈判，并且银保监会也对境外战略投资者及合作协议进行了严格甄选，因而战略合作协议是影响双方能否达成合作的重要内容。多家银行在与境外投资者签署合作协议时，明确了公司治理的内容并达成了公司治理方面的具体措施。境外战略投资者入股银行后，需按照战略合作协议内容履行承诺。因而我们预期，如果双方签订协议时明确提出公司治理方面的合作，则境外投资者按照协议内容向我国银行输入了公司治理的经验技术，有助于提升银行公司治理的整体水平。

3.2 机构投资者影响高管显性薪酬的模型分析

我们按照艾尔马桑等（Almazan et al.，2005）的模型进行探讨。我们假定企业是一个全部由股权投资组成的上市公司，其主要出在一个风险中性的经济圈，风险收益率标准化为0。

公司的主要股份被三类投资者所持有，分别是：（1）积极的机构投资者；（2）消极的机构投资者；（3）其他股东（主要是指个人股东），他们对管理层的监督能力存在较大的差异。我们定义积极的机构投资者持股比例为 α_a，消极的机构投资者持股比例为 α_p，其他个人投资者的持股比例为 $1-\alpha_a-\alpha_p$。

我们考虑一个三时期的模型，在 $t=0$ 时期，股东雇用一个管理者来负责日常的正常经营运作。假定管理者没有任何的财富，初始保留最低效用为0。当管理者被雇用，股东和管理者自己都不知道其能力水平，但是他们都以一个50%的概率来相信他是高能力的管理者，另外50%的概率相信他是一个低能力的管理者。

在 $t=1$ 时期，管理者的能力已显现出来，这会决定出企业的未来盈利能力。为了简化模型，我们假定高能力的管理者会产生 H 的现金流水平，低能力的管理者会产生 L 的现金流水平。由于已经知道其能力水平，管理者从而会要求其下一期的薪酬水平，ω^s，S = {H，L}。此时，一个机构投资者 i，i = {a，p}，对管理层的监督成本为 C_i，然后，以一个 δ_i 的概率发现他是一个中等能力水平的管理者 M，接着解雇了管理者。另外，机构投资者以 $1 - \delta_i$ 的概率并没有解雇管理者，管理层继续以 ω^s 的薪酬水平为企业工作。机构投资者在监督能力和成本上有着较大的差异，积极的机构投资者有着更高的监督收益和成本比，$\delta_a/C_a > \delta_p/C_p$。同时，我们假定个人股东第三类投资者没有动机去监督管理层，不会积极去参与公司治理的改善。

在 t = 2 时期，公司的收益水平为一个集合 {H，M，L}，当然这主要是基于管理层的能力而得出的。我们模型的中心思想是去检验机构投资者的监督动机如何去影响其薪酬水平，所有的股东是在 t = 0 时期去持有股份，t = 2 时期去进行清算公司从而得到其最终的投资收益。

我们在此仅考虑股东和管理者之间的代理冲突问题：（1）企业存在着大量的管理层控制权租金；（2）存在管理层的壕沟效应。特别地，我们假设管理者的第一个目标是掌握对公司的控制权，第二个目标是最大化其得到的货币薪酬收益。我们假设如果在 t = 1 时期，管理层被解雇的话，公司提供给他们的货币补偿性收益水平有一个上限，就是 K ≤ L。

机构投资者是否去监督管理层，主要是根据其监督成本和解雇高管层的概率决定的。为了简化分析，我们认为解雇 CEO 是可能的，并且是由那种能获得预期最大收益的机构投资者来进行决策的。

我们进而采用以下参数限制方程：

$$H > M + K - C/(\alpha\delta) > L > M + (1 - \delta)K - C/(\alpha\delta) \qquad (3.1)$$

同时：$C/(\alpha\delta) = \min\{C_a/(\alpha_a\delta_a)，C_p/(\alpha_p\delta_p)\}$

为了解上述模型，我们需要去决定管理者的薪酬是如何决定的，这个薪酬水平是如何受到企业股权结构的影响的。因为管理层会预期到机构投资股东会影响其被解雇的概率，那么其薪酬水平（薪酬水平主要是根据其管理能力来决定的）是机构投资者持股比例的一个函数。我们提出以下推论。

推论 1：在积极机构投资者和消极机构投资者存在的情况下，$(\alpha_a，\alpha_p)$ 和 $[(C_a，\delta_a)，(C_p，\delta_p)]$，一个能力高的管理者会获得 $\omega^H = K$ 的薪酬水平，能力低的管理者会获得 $\omega^H = C/(\alpha\delta) - (M - L)$ 的薪酬水平。

根据上述内容，我们求管理者的薪酬水平，即：

$$\text{Max } \omega^S$$

在以下几个限制条件之内：

$$\omega^S \leqslant K \tag{3.2}$$

$$\alpha_a(s - \omega^S) \geqslant \delta_a \alpha_a M + (1 - \delta_a)\alpha_a(s - \omega^S) - C_a \tag{3.3}$$

$$\alpha_p(s - \omega^S) \geqslant \delta_p \alpha_p M + (1 - \delta_p)\alpha_p(s - \omega^S) - C_p \tag{3.4}$$

式（3.2）是管理者的薪酬上限，式（3.3）和式（3.4）主要是积极机构投资者和消极机构投资监督公司管理层的参与约束条件。

同时，这里面也有三个内部不等式的限制条件：（1）能力高的管理者会要求企业一个高的薪酬水平 K，同时其也不会引致机构投资者股东的监管行为，$H > M + K - C/(\alpha\delta)$；（2）能力低的管理者如果不要求最高薪酬水平 K，他也不会引起机构投资者的股东的监管行为，$L < M + K - C/(\alpha\delta)$；（3）能力低的管理者会采取行动尽力阻止机构投资者股东的监督行为，$L > M + (1 - \delta)K - C/(\alpha\delta)$。

我们前面已经定义，积极的机构投资者在监督管理层时有较高的监督收益成本比（$\delta_a/C_a > \delta_p/C_p$），也就是指当积极的机构投资者和消极的机构投资者持股比例相同时，积极的机构投资者会在内部公司治理机制中充当监督管理层的角色。如果两类机构投资者在股权比例上差异较大时，积极的机构投资者的监督优势就会渐渐被抵消，$C_a/(\alpha_a\delta_a) = C_p/(\alpha_p\delta_p)$ 是决定哪类机构投资者充当监督者的临界点。为了简化模型，我们假定公司股东内部只有一种机构投资者才能充当监督者的角色。

在此，我们定义薪酬绩效敏感度的公式，即：

$$PPS = \omega^H - \omega^L = K - [C/(\alpha\delta) - (M - L)] = K + (M - L) - C/(\alpha\delta) \tag{3.5}$$

同时，$C/(\alpha\delta) = \min\{C_a/(\alpha_a\delta_a), C_p/(\alpha_p\delta_p)\}$。由此得出：

$$dPPS/d\alpha_i \geqslant 0;$$

$$dPPS/d(\delta_i/C_i) \geqslant 0;$$

$$|dPPS/d\alpha_a| > |dPPS/d\alpha_p| \text{ 和 } |dW/d\alpha_a| > |dW/d\alpha_p|$$

推论 2：高管层的薪酬绩效敏感度：（1）管理层薪酬绩效敏感度是机构投资者持股比例的增函数（$dPPS/d\alpha_i \geqslant 0$）；（2）薪酬绩效敏感度是机构投资

者监督收益成本比的增函数（$dPPS/d(\delta_i/C_i) \geqslant 0$）；（3）相比消极的机构投资者来说，积极的机构投资者更能充当起监督者的角色（$|dPPS/d\alpha_a| > |dPPS/d\alpha_p|$ 和 $|dW/d\alpha_a| > |dW/d\alpha_p|$）。

高管层预期得到的平均薪酬水平为 W，W 有如下定义：

$$W = 1/2(\omega^H + \omega^L) = 1/2[K + C/(\alpha\delta) - (M - L)]$$
$$dW/d\alpha_i \leqslant 0;$$
$$dW/d(\delta_i/C_i) \leqslant 0 \tag{3.6}$$

推论3：高管层薪酬水平：（1）高管层薪酬水平与机构投资者的持股比例微弱负相关（$dW/d\alpha_i \leqslant 0$）；（2）高管层薪酬水平与机构投资者监督收益成本比微弱负相关（$dW/d(\delta_i/C_i) \leqslant 0$）。

3.3 机构投资者影响高管隐性薪酬的博弈分析

本节构建了机构投资者和银行高管层的静态博弈模型。

3.3.1 博弈模型构建

首先，假定博弈模型中主要有机构投资者和银行高管层两个参与者，其都是理性经济人，追求自身行为的收益成本比最大化。其次，假定机构投资者的监督成本为 C；持股比例为 β；银行高管层的固定薪酬水平为 M；在职消费收益为 Y，但在职消费一经发现将被惩罚 S 的薪酬水平，若高管层不存在在职消费，就给予高管层 J 的奖励，企业的剩余价值为 Q，我们假定有关系式：$S > Y > J$，$C < S$。据此，机构投资者和银行高管收益函数和支付矩阵如表 3.1 所示。

表 3.1 博弈双方的收益函数和支付矩阵

项目		银行高管层	
		在职消费	无在职消费
机构投资者股东	监督	(R_1, R_2)	(R_3, R_4)
	不监督	(R_5, R_6)	(R_7, R_8)

其中，$R_1 = (Q - M + S) - C$；$R_2 = M - S$；$R_3 = \beta(Q - M - J) - C$；$R_4 = M + J$；$R_5 = \beta(Q - M - Y)$；$R_6 = M + Y$；$R_7 = \beta(Q - M - J)$；$R_8 = M + J$

3.3.2 均衡分析

根据博弈均衡分析，我们可以得到：

（1）当 $\beta(S + Y) - C < 0$，即 $\beta < C/(S + Y)$ 时，存在唯一的纳什均衡。双方最优策略均衡为（不监督，在职消费）。

（2）当 $\beta(S + Y) - C > 0$，即 $\beta > C/(S + Y)$ 时，存在混合策略均衡。假定机构投资股东监督的概率为 p，高管层在职消费的概率 q，此时有以下等式：

机构投资者监督的收益水平为：$qR_1 + (1 - q)R_3$

机构投资者不监督的收益水平为：$qR_5 + (1 - q)R_7$

高管层在职消费的收益水平为：$pR_2 + (1 - p)R_6$

高管层无在职消费的收益水平为：$pR_4 + (1 - p)R_8$

假设 $((p^*, 1 - p^*), (q^*, 1 - q^*))$ 是本博弈模型的混合策略均衡，则满足：

$$q^* R_1 + (1 - q^*)R_3 = q^* R_5 + (1 - q^*)R_7$$
$$p^* R_2 + (1 - p^*)R_6 = p^* R_4 + (1 - p^*)R_8$$

解之得：$q^* = \dfrac{C}{\beta(S + Y)}$，$p^* = \dfrac{(Y - J)}{(S + Y)}$

从结果中可以看出，q^* 主要受机构投资者持股比例、监督成本，高管层在职消费获得收益和惩罚水平的影响，当机构投资者持股比例低、监督成本较高时，机构投资者若实施监督高管层的行为策略则得不偿失，而且企业高管层在职消费受到的处罚也很小，企业高管层有强烈的意愿进行在职消费。而 p^* 主要受企业高管层在职消费的收益，惩罚成本以及其不进行在职消费得到的奖励等因素的影响，其中，企业高管层在职消费获得的收益越高，惩罚成本越小，不进行在职消费得到的奖励越小，机构投资者选择监督决策的概率就越高。这表明，当企业高管层在职消费获得的收益大、攫取机构股东利益较大，且其在职消费的处罚小时，会进一步损害机构股东的利益，因此，机构股东为了维护自身利益，其选择监督决策策略的概率就大大增加。

因此，$\{((Y-J)/(S+Y),(S+J)/(S+Y)),(C/\beta(S+Y),(\beta(S+Y)-C)/\beta(S+Y))\}$ 是本博弈模型的混合策略均衡。

企业管理层在职消费的概率为 $q^* = \dfrac{C}{\beta(S+Y)}$，可以从增加机构投资者的持股比例和降低其监督成本两个方面来约束企业高管层在职消费等隐性薪酬。

3.3.3　重复博弈分析

如果是重复博弈，若机构投资者在博弈期初选择监督策略，以后每期收益为：

$$E(1) = R_1 \times p + R_3 \times (1-p)$$
$$E(n) = \sum_{i=2}^{n} \frac{R_3}{(1+r)^{i-1}}$$

其中，r 为折现率。当进行无限次重复博弈时，$E(n) = R_3/r$。

因此，机构投资者在第一期就选择监督策略的总收益：$E = E(1) + E(n)$。

若机构投资者在博弈期初选择不监督策略，以后每期收益为：

$$E^*(1) = R_5 \times p + R_7 \times (1-p)$$
$$E^*(n) = \sum_{i=2}^{n} \frac{R_5}{(1+r)^{i-1}}$$

其中，r 为折现率。当进行无限次重复博弈时，$E^*(n) = R_5/r$。

因此，机构投资者在第一期就选择不监督策略的总收益 $E^* = E^*(1) + E^*(n)$。

机构投资者选择监督策略从而增加的收益为：

$$\Delta E = E - E^* = \beta\left[P(S+Y) + \frac{Y-J}{r}\right] - C - \frac{C}{r}$$

因此，最优一阶条件为：$\beta^* = \dfrac{rC + C}{P \times r \times (S+Y) + Y - J}$

当 $\beta > \beta^*$ 时，$\Delta E > 0$，机构投资者会采取监督策略。同时，由 S > Y > J，

且 $C<S$，可以证明 $0<\beta^*<1$，博弈存在均衡解。

博弈模型结果说明，当机构投资者持股比例较高时，使机构股东更加关注企业的长期收益，此时如果银行高管层追求隐性薪酬以攫取其自身利益最大化时，机构投资者有意愿和动机积极参与公司治理，从而有效约束和监督高管层的隐性薪酬水平。

3.4　本章小结

本章我们先深入分析了机构投资者对高管薪酬的作用机制，通过阐述委托代理问题，论证了激励和约束企业高管的必要性和重要性，并且对境外战略投资者如何通过改善公司治理来影响高管薪酬进行了分析。此外，我们还针对机构投资者影响高管显性薪酬以及隐性薪酬两个方面，分别建立了理论模型，推导出机构投资者与高管薪酬之间的关系。本章的理论分析将为下一章的实证分析提供理论依据，而且本章构建的理论模型也是后面实证模型建立的基础。

第4章 境外战略投资者影响高管显性薪酬的实证分析

在第3章理论分析的基础上,本章主要通过实证研究来探讨境外战略投资者与银行高管层显性薪酬之间的关系。具体分析了境外战略投资者对银行高管层薪酬绩效敏感度和薪酬水平的影响。具体研究内容如下:首先采用两种衡量薪酬绩效敏感度的方法,考察境外战略投资者能否通过提高薪酬绩效敏感度来激励银行高管层。鉴于境外战略投资者持股特征的动态变化,本书还研究了境外战略投资者的变化对银行高管薪酬绩效敏感度的影响。其次探讨了境外战略投资者能否通过影响薪酬水平来有效激励银行高管层。最后由于境外战略投资者和银行高管层薪酬激励机制本身存在着"顾客效应",即可能产生较为严重的内生性问题,本章采用了两种方法克服,结果没有发生改变。

4.1 问题的提出与理论假设

从2003年起确立的中资银行全面向股份制商业银行改造推进,股份制企业的重要特征就是所有权与经营权分离。因此,股东不能全面监督管理层的经营决策行为,管理者为了使其自身利益最大化侵犯企业所有者利益的现象时有发生。管理者并不一定是股东利益(公司价值)最大化的执行者(Fama,1980),这是现代股份制企业普遍存在的委托代理问题。通常情况下,高管层薪酬激励契约的不当安排会使管理层与所有者的利益严重不一致,提高了委托代理成本。因此,如何设计最优的高管薪酬激励机制使委托代理成本最小化,是缓解委托代理问题的关键举措,也是公司内部治理的重要内容之一。

　　我国商业银行银行在薪酬机制方面做了一些积极的探索，逐步建立了薪酬与考核委员会，加强了对银行高管层的薪酬与考评激励；同时随着一些中资银行先后在中国香港地区与内地成功上市，初步形成了公司治理制度安排，积极探索有效的高管激励机制；此外，很多银行还注重淡化"官本位"色彩，开始实行市场化的人力资源定价机制和岗位竞聘制度，积极探索科学合理的绩效考核体系。但由于历史、体制等多方面因素的影响，中资银行的薪酬激励机制设计并没有取得实质性的突破，仍然存在一些问题。另外，银行出资人的缺位、中小股东的"搭便车"和监管层的信息不对称，使银行高管层内部人拥有较大的权力，一方面，国有银行高管层的薪酬激励机制没有发挥应有的作用；另一方面，高管层"内部人"会运用手中的权力来最大化自己的薪酬收益水平，损害了银行的利益。

　　另外，有些银行关键岗位的高级管理层的薪酬水平远低于市场水平，与其所承担的责任和付出的贡献不相对应，严重削弱了他们发挥优势才能、经营管理的积极性。因此，很多高级管理层人员千方百计地增加在职消费，甚至部分高管层人才纷纷外流。同时，规章政策缺乏相应的针对性和灵活性，激励的不匹配也使薪酬水平起不到很好的激励作用。有时银行过分依赖某个时点的考核指标来进行激励奖罚，促成了某个时点和某个重点考核指标的非连续性突进，一些银行高管层存在相对应的短期行为，为考核而工作，激励效率不高。

　　近年来，机构投资者持股比例越来越高，对机构投资者参与公司治理的相关研究也越来越多。薪酬激励机制作为缓解委托代理问题的关键举措和公司内部治理机制的重要组成部分，其已经被越来越多的机构投资者当作积极参与公司治理的重要途径。机构投资者影响企业高管层的薪酬激励包括直接和间接方式，直接的方式即是其为了维护自己的利益，凭借其持有的股权通过"用手投票"的方式来激励企业高管层，一般包括通过增加董事会的独立性（特别是提名和薪酬委员会的独立性）来发挥激励和监督作用，或者直接通过其派驻的董事来提案以促使改善企业高管层薪酬结构（Brandes et al.，2008）；间接的影响方式主要是其通过选股倾向和股票交易，采用"用脚投票"的方式来影响高管层的薪酬水平（Jensen & Murphy，1976）。已有研究从实证上也验证了机构投资者把对高管层有效激励视为积极参与公司治理的重要举措，缓解了委托代理问题，降低了委托代理成本（Gillan & Starks，2000；Clay，2000；Hartzell & Starks，2003；Croci et al.，2012；Fernandes et al.，2012）。

在理论分析部分，我们基于艾尔马桑等（Almazan et al.，2005）的模型构建了境外战略投资者对高管层薪酬激励机制的模型。从高管层薪酬绩效敏感度激励的层面来看，薪酬绩效敏感度是机构投资者持股比例的增函数，同时也是监督收益成本比的增函数，而且相对于消极机构投资者来说，积极的机构投资者更能充当起激励者的角色。哈泽尔和斯塔克斯（Hartzell & Starks，2003）、卡洛驰等（Croci et al.，2012）以及费尔南德斯等（Fernandes et al.，2012）都发现，机构投资者对高管层薪酬激励机制有着显著影响。据此我们提出假设 4.1。

假设 4.1：境外战略投资者的引入提高了银行高管层的薪酬绩效敏感度，有效激励了银行高管层。

基于上述构建的理论模型，从高管层薪酬水平层面来看，薪酬水平与机构投资者持股比例微弱负相关，同时也与监督收益成本比微弱负相关。哈泽尔和斯塔克斯（Hartzell & Starks，2003）研究发现，机构投资者降低了高管层的薪酬水平。而卡洛驰等（Croci et al.，2012）和费尔南德斯等（Fernandes et al.，2012）研究却发现，机构投资者，特别是那些境外机构投资者提高了高管层的总薪酬水平，他们认为这主要是因为薪酬绩效敏感度被显著提高了，是境外机构投资者"用手投票"来积极参与公司治理的结果。本书认为，我国商业银行高管层薪酬水平同国际金融机构相比，总体薪酬水平偏低，而随着金融对外开放的加大和激烈的竞争，只有设置更为科学合理的薪酬水平才能吸引优秀的人才为之服务，同时境外战略投资者的引入势必会提高银行高管层的薪酬绩效敏感度，如此会提高总的薪酬水平。据此我们提出假设 4.2。

假设 4.2：境外战略投资者的引入提高了银行高管层的薪酬水平，有效激励了银行高管层。

4.2 样本、实证模型设计与样本描述性统计

4.2.1 样本及数据来源

本书选取我国商业银行为研究样本，样本期间范围为 2005～2011 年，原

因是 2004 年之前，我国进行规范信息披露的城市商业银行很少①。尽管如此，由于银行高管薪酬披露的信息相对有限，我们不得不对缺失薪酬信息的银行进行了剔除。银行的财务数据主要来自 BANKSCOPE 数据库，对某些银行的指标缺失，我们从商业银行年报手工整理补充，但也并不排除某些银行在特定年份的个别指标没有披露。银行的公司治理及股东情况的相关数据是由银行年报整理得到。本书剔除了回归中所使用变量值缺失的银行样本观察值。根据上述标准，我们共收集了 65 家商业银行的数据，包括 16 家股份制商业银行②及 49 家城市商业银行，得到 2005～2011 年 406 个银行年样本数。

4.2.2 研究模型设计及指标说明

4.2.2.1 实证模型设计

在研究境外战略投资者对高管的激励作用时，我们侧重从以下两个方面进行分析：一方面，考察境外战略投资者对高管薪酬敏感度的影响；另一方面，考察境外战略投资者对高管薪酬水平的影响。通过对高管薪酬绩效敏感度和薪酬水平的分析，我们可以检验境外战略投资者是否有效承担了激励职能，为解决股东与管理者之间的委托代理问题发挥了积极的作用。

（1）境外战略投资者对薪酬敏感度的实证模型。

分析境外战略投资者对薪酬敏感度影响时，我们参照了哈泽尔和斯塔克斯（Hartzell & Starks，2003）的实证模型，基准模型为：

$$\Delta Compensation_{it} = \alpha_0 + \beta_1 \Delta Roa_{i,t-1} + \beta_2 \Delta Roa_{it} \times Z_{i,t-1} + \sum \beta_k (control\ variables_{i,t-1})$$

$$+ \sum \beta_y\ year\ dummy\ variables_t + \varepsilon_{it} \tag{4.1}$$

此外，借鉴库伯（Kubo，2005）的方法，本书直接计算了银行的薪酬业绩敏感度 PPS，并将其作为被解释变量，考察了境外战略投资者对薪酬业绩

---

① 2004 年的《城市商业银行监管与发展纲要》首次要求城市商业银行建立年度报告的信息披露制度，并计划用 3 年的时间逐步推动城市商业银行的信息披露工作，从城市商业银行信息披露的实际执行情况来看，与监管部门的推动与预期基本吻合。

② 我国一共有 17 家全国股份制商业银行，但由于恒丰银行的薪酬数据未披露，因而在处理样本时删除该银行，共整理得到 16 家全国股份制商业银行的数据。

敏感度的影响, 实证模型为:

$$PPS_{it} = \alpha_0 + \beta_1 \Delta Roa_{it} + \beta_2 \Delta Roa_{i,t-1} + \beta_3 Z_{i,t-1} + \sum \beta_k (control\ variables_{i,t-1})$$
$$+ \sum \beta_y\ year\ dummy\ variables_t + \varepsilon_{it} \tag{4.2}$$

（2）境外战略投资者对高管薪酬水平影响的实证模型。

分析境外战略投资者对高管薪酬水平影响时, 我们参照了哈泽尔和斯塔克斯（Hartzell & Starks, 2003）的实证模型, 基准模型为:

$$LnCompensation_{it} = \alpha_0 + \beta_1 \Delta Roa_{it} + \beta_2 \Delta Roa_{i,t-1} + \beta_3 Z_{i,t-1} + \sum \beta_k (control\ variables_{i,t-1})$$
$$+ \sum \beta_y\ year\ dummy\ variables_t + \varepsilon_{it} \tag{4.3}$$

4.2.2.2　指标构建

（1）境外战略投资者指标。

在上述实证模型中, Z 是衡量境外战略投资者的变量, 本书设置 Z = D_FSI, FSI-Share Hold1, FSI-Share Hold2, D_（FSI_Dir）, FSI_director, D_FSI_CG。D_FSI 是境外战略投资者是否持股商业银行的虚拟变量, 如果境外战略投资者持股, 则 D_FSI = 1, 否则 D_FSI = 0; FSI-Share Hold1 是境外战略投资者持股商业银行的持股比例; 这两个变量衡量了境外战略投资者的持股情况, 可以反映出境外战略投资者对银行参与的程度。境外战略投资者的持股比例只有在达到一定水平时, 才有意愿参与公司治理的改善, 有效激励和约束"内部人"的行为（李青原, 2003）。此外, 当境外战略投资者持股比例较小时, 与中小股东没有太大差异, 缺乏激励约束的动力, 只有当持股比例达到"发言"的净收益大于"沉默"的净收益的水平时, 境外战略投资者才有激励约束的意愿。

FSI-Share Hold2 是境外战略投资者与银行第一大股东持股比例之比, 可以衡量境外战略投资者对大股东的制衡作用。银行的股权结构影响了股东之间的激励约束动力, 境外战略投资者与银行第一大股东持股之比越大, 表明境外战略投资者越重视对公司的控制权和影响力, 其激励约束大股东和高管层的积极性也就越高。因此, 我们选取 D_FSI、FSI-Share Hold1、FSI-Share Hold2 三个指标来衡量境外战略投资者的持股特征。

D_（FSI_Dir）是境外战略投资者是否在银行董事会中派驻外资股东董事

的虚拟变量，如果派驻了外资股东董事，则 D_（FSI_Dir）＝1，否则 D_（FSI_Dir）＝0；FSI_director 是境外战略投资者派驻外资股东董事占董事会席位比例；这两个变量衡量了境外战略投资者派驻董事的情况，董事会的治理是公司治理核心环节，如果境外战略投资者派驻外资股东董事，则可以参与银行的重大决策中，有效激励银行高管层，并且外资股东董事所占席位越多，其表决权权力越大，越可以维护境外战略投资者的利益，制衡内部人利用权力攫取私利。因此，我们选用 D_（FSI_Dir）和 FSI_director 这两个变量，可以反映出境外战略投资者在董事会中话语权的大小，衡量境外战略投资者对银行公司治理参与程度。

D_FSI_CG 衡量境外战略投资者是否向银行提供公司治理经验，如果战略合作协议中将公司治理作为重要合作内容，则值为1，否则为0。鉴于无法得到合作协议的具体内容，因而在对该变量赋值时，我们通过百度搜索引擎来查找银行引资时所签订的战略合作协议的相关报道以确定是否将公司治理作为合作内容。

因此，本书通过以上六个变量，分别从境外战略投资者持股比例（与第一大股东制衡状况）、派驻董事情况以及提供公司治理经验三个维度来衡量境外战略投资者对银行公司治理的参与程度，变量的值越高，说明境外战略投资者的影响力越强。

（2）高管显性薪酬的衡量指标。

本书在该部分的研究目的是考察境外战略投资者对高管的激励效果，在进行实证模型设计时，我们分别将 ΔCompensation、PPS 以及 LnCompensation 作为被解释变量，考察了境外战略投资者对薪酬敏感度、薪酬水平的影响，来观测银行高管是否被更好地激励。

ΔCompensation 代表金额数高的前三名高管的薪酬总额的变化量，计算公式为：$\Delta\text{Compensation}_t = \text{Compensation}_t - \text{Compensation}_{t-1}$，哈泽尔和斯塔克斯（Hartzell & Starks，2003）认为，用薪酬水平的变化量与银行绩效的变动进行回归，即可得到高管薪酬的敏感度。PPS 是由库伯（Kubo，2005）提出的直接计算薪酬业绩敏感度的方法，用高管薪酬的变化率与公司业绩的变化率相比，其计算公式为：$\text{PPS}_t = \dfrac{\Delta\text{Compensation}_t / \text{Compensation}_{t-1}}{\Delta\text{Performance}_t / \text{Performance}_{t-1}}$，可直接反映当公司业绩每增长一个百分点时，高管薪酬水平的变化幅度，PPS 薪酬绩效敏感度越高，高管层就越会被更好地激励。LnCompensation 是金额数高的前三名高管的薪酬总额的对数值，反映了高管薪酬的整体水平。

（3）银行绩效的衡量指标。

衡量公司绩效的指标有很多，但鉴于我国银行披露数据的有效性，本书在衡量银行绩效时，采用了学术界常用的资产收益率 Roa 和净资产收益率 Roe。

（4）其他控制变量。

在研究高管显性薪酬的影响因素时，除了银行绩效及境外战略投资者之外，我们还考察了公司治理和银行财务状况两个层面的因素，本书在已有文献的基础上选取了一系列衡量公司治理和银行财务的控制变量。

①公司治理层面的控制变量。

第一，股权集中度。本书采用第一大股东持股比例 Big Share 来衡量股权集中程度。当股权越分散时，股东在制订薪酬激励计划时越能相互制衡，有利于制订更为合理的高管薪酬激励计划；反之，当股权集中程度越高时，大股东对高管薪酬的控制权越强，在制定高管薪酬激励契约时越可能加入主观因素，对薪酬激励产生不利影响（王敏，2007）。

第二，两职合一。本书采用虚拟变量 Dual 来衡量董事长和总经理是否为一人兼任，如果董事长和总经理由一人兼任，则值为 1，否则则为 0。两职合一是衡量高管权力的变量，当两职合一时，高管层可能会利用手中掌握的控制权采取机会主义行为，提高自身薪酬水平，攫取股东利益，库哈恩和茨维伯尔（Kuhnen & Zwiebel，2008）研究发现，高管会综合权衡，尽一切可能自定薪酬以获得高薪；而当董事长和总经理由不同人任职时，由于控制权与管理权的分离，可以在一定程度上制衡高管自定薪酬水平。

第三，董事会规模。本书采用董事会人数规模的对数 Board Size 来衡量董事会规模。董事会治理是公司治理的核心，有些研究发现，规模较小的董事会可以更有效地监督高管行为，大的董事会往往太过"礼貌友好"而容易被高管控制（Jensen，1993；Yermack，1996）；而也有一些研究认为，当董事会规模越大时，董事会的权力相应也越大，越可以起到有效督导银行高管的作用，并对制订高管薪酬激励计划起到积极的影响，降低高管攫取高额薪酬的可能性（Adams & Mehram，2003）。因此，董事会规模对高管薪酬的影响无法确定。

第四，独立董事占比。本书采用独立董事占董事会比例 Ind Directors 来衡量独立董事作用的大小。独立董事制度是改善公司治理结构的重要举措，由于独立董事具备专业性、独立性等特点，能够对董事会重大决策发表意见，强化董事会对高管的监督，维护中小股东的利益，降低高管攫取非正常高额薪酬的可能性，提高薪酬对银行绩效的敏感度。费尔南德斯等（Fernandes et al.，2012）研究发现，独立董事比例与高管薪酬水平呈显著正向关系；而科尔等（Core et al.，1999）研究却发现，独立董事比例会降低高管层薪酬水平。因此，独立董事比例对高管薪酬的影响无法确定。

第五，CEO 年龄。本书采用 CEO 年龄的对数 CEO Age 来衡量 CEO 的特征。CEO 年龄往往决定了其管理经验是否丰富，有些研究发现经验较少、年纪较轻的高管往往面临执行力有限的问题，其需要花费足够的时间才能够获取公司各个方面的认可（Alderfer，1986），因此，年龄越大、经验越丰富的CEO，企业的认同感越强，其薪酬水平可能越高（Fernandes et al.，2012）。

②银行财务状况的控制变量。

银行的财务状况也会直接影响高管的薪酬水平，在此我们选取银行的资本充足率 CAR、不良贷款比率 NPL 来衡量银行运营的安全性，一般来讲，运营状况越稳健的大银行，其高管的薪酬水平相对更高。此外，我们还选取了银行资产总额的对数 Asset 和资产增长率 Asset Growth 来衡量银行规模，凯尼昂等（Conyon et al.，2011）和费尔南德斯等（Fernandes et al.，2012）研究发现，资产规模大和成长率高的公司倾向于制定一个更为有效的薪酬激励契约来激励高管层。

4.2.2.3 主要指标的定义

根据上述分析，本书实证用到的变量包括境外战略投资者指标、高管薪酬指标、银行绩效指标及一系列控制变量，主要变量的具体定义如表 4.1 所示。

表 4.1   模型变量含义

类型	变量	定义
境外战略投资者变量	D_FSI	D_FSI 是境外战略投资者是否持股商业银行的虚拟变量，如果境外战略投资者持股，则 D_FSI = 1，否则 D_FSI = 0
	FSI-Share Hold1	境外战略投资者的持股比例
	FSI-Share Hold2	境外战略投资者与银行第一大股东持股比例之比
	D_（FSI_Dir）	D_（FSI_Dir）是境外战略投资者是否在银行董事会中派驻股东董事的虚拟变量，如果派驻股东董事，则 D_（FSI_Dir）=1，否则 D_（FSI_Dir）=0

续表

类型	变量	定义
境外战略投资者变量	FSI_director	境外战略投资者派驻外资董事席位占董事会的比例
	D_FSI_CG	如果战略合作协议中将公司治理作为重要合作内容，则值为 1，否则为 0
高管显性薪酬衡量变量	Compensation	金额数高的前三名高管的薪酬总额
	PPS	金额数高的前三名高管薪酬水平对公司业绩变动的敏感程度
	ΔCompensation	金额数高的前三名高管的薪酬总额的变化量
绩效变量	Roa	资产收益率
	Roe	净资产收益率
公司治理控制变量	Big Share	第一大股东持股比例
	Dual	两职合一的虚拟变量，董事长和总经理由一人兼任为 1，否则为 0
	Board Size	董事会人数规模，取对数
	Ind Directors	独立董事占董事会比例
	CEO Age	CEO 的年龄，取对数
银行财务控制变量	CAR	资本充足率
	NPL	不良贷款率
	Asset	资产总额取对数值
	Asset Growth	资产增长率
银行类型	Shared ComB	Shared ComB 是银行是否属于全国股份制商业银行的虚拟变量，如果为全国股份制商业银行，则 Shared ComB = 1，否则 Shared ComB = 0
	City ComB	City ComB 是银行是否属于城市商业银行的虚拟变量，如果为城市商业银行，则 City ComB = 1，否则 City ComB = 0

4.2.3　描述性统计分析

表 4.2 对本书主要变量进行了描述性统计分析，从表中可以看出，我们的样本银行中大概有 34.5% 的银行引入了境外战略投资者，境外战略投资者的持股比例平均约为 5.4%；FSI-Share Hold2 均值为 26.42，因此，境外战略投资者在总体水平上能够对最大股东形成一定的制衡作用，其最大值为

178.57，说明有些银行的境外战略投资者已经成为最大的股东，对银行的运营和高管薪酬都具有至关重要的话语权；D_FSI 与 D_（FSI_Dir）的均值相近，说明境外战略投资者基本都设置了董事会成员，参与银行运营的日常决策；D_FSI_CG 均值为 0.28，表明将近 28% 的境外战略投资者将提升公司治理经验写入战略合作协议内容中。由此可以看出，近几年我国银行业引入境外战略投资者已经较为普遍，并且境外战略投资者已经改变了一些银行的股权结构和董事会架构，对这些银行已经产生了深刻的影响。

通过分析高管薪酬的变量可以看出，银行之间薪酬水平的差异非常大，这体现在 Compensation 的标准差和最值中；此外，银行高管的薪酬绩效敏感度也存在一定差异，其标准差和最值差距较大，说明不同银行根据自身的经营状况和发展规划制定了不同的高管薪酬激励政策，且高管薪酬激励的效果确实存在差异。

分析表中公司治理的控制变量，可以看出，银行之间公司治理水平也存在较大差异。Big Share 的最大值为 70.88%，说明有些银行的股权集中度非常高，第一大股东形成绝对控股的局面；而有些银行的股权结构非常分散，最大股东的持股比例仅达到 4.59%，股权集中度不同则产生的代理问题不同，对银行高管的监督约束作用也存在差异。Dual 的均值为 0.4，说明有 40% 的银行的董事长兼任总经理职务。Board Size 均值为 2.58，因此，银行董事会人数平均约为 13 个人，Ind Directors 均值为 23%，因此，董事会中独立董事的人数平均为 3 个人，说明我国银行中独立董事已经占据一定席位，甚至有的银行董事会中独立董事的比例已高达 44%，所以一些银行的独立董事已经具备了相当的话语权，这一方面可以有效促进公司治理结构的改善；另一方面也可以加强对高管的激励和约束作用。CEO Age 均值为 3.9，说明我国银行高管的平均年龄约为 50 岁，其中，最年长的高管为 67 岁，最年轻的高管为 38 岁，年龄差距接近 30 岁，说明银行之间高管的年龄特征和管理经验等方面也存在着一定差异。

分析表中银行财务的控制变量，可以看出，银行之间财务水平也存在较大差异。CAR 的均值为 12.2%，说明我国银行整体的资本充足率较高，但也有个别银行资本充足率为负，银行之间的资本状况差别较大。NPL 的均值为 1.99%，但银行之间不良贷款状况差异非常大，例如，浙商银行在有些年份的不良贷款为 0，而有些银行的不良贷款率却高达 38.22%，说明银行运营的安全性和风险存在很大不同。此外分析 Asset 及 Asset Growth 变量的统计特征可以看出，不同银行的规模和发展状况也存在较大的差异。从表中还可以看出，银行绩效也存在差异，银行的 Roa、Roe 的最值之间差别较大，说明不同银行的盈利能力差异较大。

表 4.2 主要变量的描述性统计分析

变量	观测数	平均值	标准差	最小值	最大值
D_FSI	351	0.3447	0.4760	0	1
FSI-Share Hold1	351	5.4284	8.4760	0	24.9800
FSI-Share Hold2	350	26.4179	43.9618	0	178.5714
D_（FSI_Dir）	351	0.3305	0.4711	0	1
FSI_director	350	4.1879	7.1087	0	38.4615
D_FSI_CG	351	0.2823	0.4514	0	1
Compensation	291	499.0885	499.5872	25.84	3058
PPS	230	0.5982	4.7086	−23.5344	17.8567
ΔCompensation	235	50.8499	213.8101	−743	1391.91
Roa	392	1.0789	0.5032	−1.3850	2.9990
Roe	390	18.4781	8.2195	−23.5450	45.0200
Big Share	350	21.7738	14.9308	4.5900	70.8800
Dual	349	0.4040	0.4914	0	1
Board Size	350	2.5761	0.2687	1.6094	2.9444
Ind Directors	350	23.0339	12.3326	0	44.4444
CEO Age	330	3.9008	0.1124	3.6376	4.2047
CAR	369	12.1989	4.2916	−0.3900	62.6200
NPL	371	1.9899	2.9822	0	38.2200
Asset	373	11.5305	1.9411	8.3637	16.5549
Asset Growth	360	0.3088	0.1987	−0.0106	1.2557

除了对样本整体进行描述性统计分析之外，我们还结合境外战略投资者的引入状况，对银行进行了分类考察和对比分析，结果如表 4.3 和表 4.4 所

示。表4.3显示了银行引入境外战略投资者的样本数，通过对比可以看出，境外战略投资者参股银行年样本数为121个，无外资参股银行年样本数为230个；境外战略投资者向董事会派驻外资股东董事的银行年样本数为116个，没有派驻外资股东董事的银行年样本数为235个，境外战略投资者将公司治理作为战略合作协议内容的银行年样本数为99个，没有将公司治理作为合作协议内容的银行年样本数为252个。这进一步说明了境外战略投资者进入银行时基本都设置了董事会成员，且境外战略投资者参股银行在我国银行业已经较为普遍。

表4.3   银行样本数对比

全样本	351
（1）境外战略投资者是否参股银行	
D_FSI = 1	121
D_FSI = 0	230
（2）境外战略投资者是否在董事会中派驻董事	
D_（FSI_Dir）= 1	116
D_（FSI_Dir）= 0	235
（3）境外战略投资者是否将公司治理作为战略合作协议内容	
D_（FSI_Dir）= 1	99
D_（FSI_Dir）= 0	252

表4.4根据境外战略投资者的引入状况，对本书的主要变量进行了对比，并且采用均值差来检验两类银行的变量是否存在显著差异。从表中可以看出，Compensation对应的t值分别为 −5.39和 −6.27，因此，引入境外战略投资者的银行高管薪酬整体水平在1%的置信水平下高于未引入境外战略投资者的银行；PPS对应的t值分别为 −2.37和 −2.57，因此，引入境外战略投资者显著提高了高管薪酬对绩效的敏感度，说明境外战略投资者确实促进银行制定了更有效的薪酬激励契约。

从表4.4还可以看出，Roa和Roe对应的t值都在1%的置信水平下为负，说明引入境外战略投资者的银行绩效更好；Big Share、Board Size、Ind Directors、CEO Age对应的t值都在1%的置信水平下为负，说明引入境外战略投资者的银行的公司治理情况与未引入的银行存在显著差异，引入境外战略投资者的银行具备更加集中的股权结构、更大规模的董事会、更多的独立董事席位以及更为年长的 CEO，总体来说，引入境外战略投资者的银行的公司治理架构更趋成熟；Asset 对应的 t 值为 – 12. 40 和 – 10. 36，因此，引入境外战略投资者的银行相对更大。通过上述分析可以看出，引入境外战略投资者的银行与未引入的银行在绩效、财务状况以及公司治理水平等方面均存在显著差异，且高管薪酬激励效果也显著不同，因此，研究境外战略投资者对银行高管薪酬的影响有利于我们总结我国银行业改革经验，为下一步继续推进银行业改革、促进银行业与国际接轨提供依据和政策建议。

表 4.4　　　　引入境外战略投资者对银行相关变量影响的均值检验

变量	D_FSI = 0	D_FSI = 1	t 值	D_（FSI_Dir）= 0	D_（FSI_Dir）= 1	t 值
Compensation	367. 6725	687. 0202	– 5. 3871 ***	351. 9111	718. 9420	– 6. 2715 ***
PPS	0. 4725	0. 7037	– 2. 3702 **	0. 4426	0. 7968	– 2. 5654 **
ΔCompensation	0. 4107	0. 6296	– 0. 7797	0. 2881	0. 7959	– 1. 8136 *
Roa	0. 9552	1. 1978	– 4. 4274 ***	0. 9405	1. 2001	– 4. 7053 ***
Roe	17. 1809	19. 4151	– 2. 4938 **	17. 1374	19. 3782	– 2. 4707 **
Big Share	19. 1530	26. 7337	– 4. 6491 ***	20. 0085	25. 3347	– 3. 1824 ***
Dual	0. 3596	0. 4876	– 2. 3297 **	0. 3862	0. 4396	– 0. 9560
Board Size	2. 4935	2. 7321	– 8. 7051 ***	2. 4940	2. 7415	– 8. 9913 ***
Ind Directors	19. 4711	29. 7765	– 8. 0931 ***	19. 6393	29. 8813	– 7. 9366 ***
CEO Age	3. 8704	3. 9540	– 6. 9480 ***	3. 8736	3. 9517	– 6. 3692 ***
CAR	12. 03527	12. 85833	– 1. 6566 *	12. 1411	12. 6850	– 1. 0811
NPL	1. 9897	1. 7795	0. 6172	1. 9578	1. 8326	0. 3639
Asset	10. 8702	13. 1327	– 12. 4044 ***	10. 9901	12. 9947	– 10. 3568 ***
Asset Growth	0. 3257	0. 2820	1. 9525 **	0. 3179	0. 2950	1. 0007

注：①括号内为 t 值；② *** 表示在 1% 水平上显著；** 表示在 5% 水平上显著；* 表示在 10% 水平上显著。

接下来，我们对变量之间的相关性进行分析，表 4.5 报告了被解释变量高管薪酬与境外战略投资者之间的相关系数。衡量境外战略投资者本书一共采用了五个变量，但由于其中两个为虚拟变量，故表 4.5 中我们仅报告了三个衡量境外战略投资者的指标：FSI-Share Hold1、FSI_director、FSI-Share Hold2，从表中可以看出这三个指标的相关系数非常高，因此，在进行实证分析时不能同时将这几个指标加入回归方程，否则会引起严重的多重共线性。

Compensation 与 FSI-Share Hold1、FSI-Share Hold2、FSI_director 之间的相关系数显著为正，因此，引入境外战略投资者的银行高管薪酬整体水平更高，境外战略投资者对银行的参与程度越高、影响力越大，则银行高管的整体薪酬越高。PPS 与 FSI-Share Hold1、FSI-Share Hold2、FSI_director 之间的相关系数显著为正，因此，对于引入境外战略投资者的银行，其高管薪酬与银行绩效的敏感度更高，境外战略投资者对银行的持股比例越高、对第一大股东的制衡越强、派驻外资董事越多，则银行高管的薪酬激励机制越有效。

表 4.5　　　　　　高管薪酬变量与境外战略投资者变量之间的相关系数矩阵

变量	Compensation	PPS	ΔCompensation	FSI-Share Hold1	FSI_director	FSI-Share Hold2
Compensation	1	−0.0138	0.2560 ***	0.4646 ***	0.4724 ***	0.4691 ***
PPS	0.0012	1	0.2780 ***	0.0131 *	0.0327 *	0.0174 *
ΔCompensation	0.2414 ***	0.1097 *	1	0.1109 *	0.1644 **	0.1404 **
FSI-Share Hold1	0.2171 ***	0.0156 *	0.0443	1	0.9304 ***	0.9521 ***
FSI_director	0.3552 ***	0.0373 *	0.1318 **	0.8603 ***	1	0.9158 ***
FSI-Share Hold2	0.1591 ***	0.0310 *	0.0885	0.9138 ***	0.8267 ***	1

注：表格上半部分为 Spearman 相关系数；下半部分为 Pearson 相关系数。*** 表示在 1% 水平上显著；** 表示在 5% 水平上显著；* 表示在 10% 水平上显著。

表 4.6 报告了实证模型控制变量之间的相关性。我们看到 NPL 与 Roa、Roe、CAR、Asset Growth 之间的相关系数都显著为负，说明资本充足率越高、盈利能力越强的银行，其不良贷款率越低，风险越小；而当商业银行的不良贷款率较高时，银行盈利能力和资本充足率较低。表 4.6 中 Roa 和 Roe 之间的相关系数最高，显著为正。其余有些变量之间虽然也存在显著的相关性，但是相关系数普遍较小，以 VIF 检验多重共线性的值都不大于 10，因此，多重共线性不会影响回归结果。

表 4.6

控制变量之间的相关系数矩阵

变量	CAR	NPL	Roa	Roe	Asset	Asset Growth	Big Share	Dual	Board Size	Ind Directors	CEO Age
CAR	1	-0.1406**	0.3394***	-0.2211***	-0.1204*	0.059	-0.1439**	0.0485	0.0188	0.0786	-0.1019
NPL	-0.1889***	1	-0.3375***	-0.2304**	0.0884	-0.3528***	0.1878***	0.0799	0.0316	-0.1108*	0.0635
Roa	0.0732	-0.2709***	1	0.5896***	-0.3304***	-0.0365	-0.2287***	-0.0819	-0.2956***	-0.0139	-0.2874***
Roe	-0.0958*	-0.2985***	0.7718***	1	-0.0828	-0.0724	0.0111	-0.0848	-0.1922***	0.0223	-0.0718
Asset	-0.0489	0.0372	-0.1247*	-0.0899*	1	-0.1427**	0.4022***	0.2225***	0.5351***	0.4893***	0.6542***
Asset Growth	0.1395***	-0.1293**	-0.0692	-0.0806	-0.1845***	1	-0.0926	-0.0087	-0.1398***	0.0236	-0.0448
Big Share	-0.0534	0.2137***	-0.1030*	-0.0611	0.3778***	-0.1108**	1	0.1188*	-0.005	-0.0172	0.2999***
Dual	-0.0005	0.1296**	-0.1059*	-0.1443***	0.2482***	0.0305	0.0653	1	0.1451**	0.0453	0.2230
Board Size	0.0785	-0.0755	-0.1497***	-0.1570***	0.5502***	-0.1399***	0.0033	0.0745	1	0.4527***	0.3411***
Ind Directors	0.1450***	-0.2070***	0.0519	0.0412	0.5345***	-0.0378	-0.0537	0.0761	0.5435***	1	0.3208***
CEO Age	-0.0197	0.0479	-0.2184***	-0.1361**	0.5961***	-0.0474	0.1483***	0.2530***	0.2385***	0.3046***	1

注：表格上半部分为 Spearman 相关系数；下半部分为 Pearson 相关系数。*** 表示在1% 水平上显著；** 表示在5% 水平上显著；* 表示在10% 水平上显著。

4.3　实证结果分析

4.3.1　境外战略投资者影响薪酬敏感度的实证结果

4.3.1.1　对基准模型（4.1）的实证分析结果

根据实证模型部分的阐述，在分析境外战略投资者对薪酬敏感度影响时，本书主要采用了詹森和墨菲（Jensen & Murphy，1990a）、哈泽尔和斯塔克斯（Hartzell & Starks，2003）的实证模型。在此我们进一步将模型（4.1）具体化，结合指标构建和对指标描述性统计分析的结果，构建以下回归方程，即：

$$\Delta Compensation_{it} = \alpha_0 + \beta_1 \Delta Roa_{i,t-1} + \beta_2 \Delta Roa_{it} \times Z_{i,t-1} + \beta_3 Big\ Share_{i,t-1}$$
$$+ \beta_4 Ind\ Directors_{i,t-1} + \beta_5 Board\ Size_{i,t-1} + \beta_6 Dual_{i,t-1}$$
$$+ \beta_7 CEO\ Age_{i,t-1} + \beta_8 Asset\ Growth_{i,t-1} + \beta_9 \Delta NPL_{it}$$
$$+ \beta_{10} CAR_{i,t-1} + \sum \beta_y year\ dummy\ variables_t + \varepsilon_{it}$$

首先考察境外战略投资者持股情况对高管薪酬绩效敏感度的影响，选择 $Z = D\_FSI$ 以及 $Z = FSI\text{-}Share\ Hold1$，回归结果如表4.7所示。回归方法为混合最小二乘法，其中，第（1）~第（4）列是考察境外战略投资者参股银行是否会显著影响银行高管薪酬的绩效敏感度，第（1）列去掉了所有的控制变量，第（2）列仅列入公司治理层面的控制变量，第（3）列仅加入银行财务状况的控制变量，第（4）列是完整的回归结果。通过观测第（1）~第（4）列的结果可以看出 $D\_FSI_{t-1} \times \Delta Roa_t$ 的系数显著为正，因此，说明有境外战略投资者参股的银行，其银行高管的薪酬绩效敏感度更强；$D\_FSI_{t-1} \times \Delta Roa_t$ 的系数约为2.27，因此，当银行有境外战略投资者参股时，其高管薪酬绩效的敏感度约会提高2.27个百分点。表4.7中第（5）~第（8）列是考察境外战略投资者持股比例对银行高管薪酬的绩效敏感度的影响，第（5）列去掉了所有的控制变量，第（6）列仅加入公司治理层面的控制变量，第（7）列仅加入银行财务状况的控制变量，第（8）列是完整的回归结果。通过观测第（5）~第（8）列的结果可以看出 $FSI\text{-}Share\ Hold1_{t-1} \times \Delta Roa_t$ 的系数显著为正，因此，说明境外战略投资者对银行的持股比例越高时，高管的薪酬绩效敏感度越强；FSI-Share Hold1$_{t-1}$×ΔRoa$_t$的系数约为 0.10，因此，当境外战略投资者的持股比例每增加 1 个百分点时，银行高管薪酬绩效的敏感度就会上升 0.10 个百分点。结合前面的理论分析，我们认为，境外战略投资者的引入会增强银行高管薪酬的敏感度，且境外战略投资者对银行的公司治理参与程度越高，在制订高管薪酬激励计划时越能够发挥积极作用，系数 β_2 的估计值显著为正验证了本书前面的理论分析和提出的假设。

表 4.7 境外战略投资者持股对高管薪酬敏感度回归结果

解释变量	（1）	（2）	（3）	（4）	（5）	（6）	（7）	（8）
ΔRoa$_{t-1}$	0.3665 (0.90)	0.3517 (0.85)	0.4346 (1.06)	0.4087 (0.98)	0.4148 (1.01)	0.3944 (0.94)	0.4826 (1.17)	0.4497 (1.07)
D_FSI$_{t-1}$×ΔRoa$_t$	2.1171*** (2.66)	2.1859*** (2.67)	2.1692*** (2.61)	2.2704*** (2.63)				
FSI-Share Hold1$_{t-1}$×ΔRoa$_t$					0.0904** (1.94)	0.0888** (2.30)	0.0940** (1.99)	0.0953** (1.94)
Big Share$_{t-1}$		−0.0212** (−2.42)		−0.0178** (−1.97)		−0.0199** (−2.27)		−0.0165* (−1.81)
Ind Directors$_{t-1}$		0.0221** (1.97)		2.1172** (1.98)		2.1694* (1.74)		2.0862** (1.97)
Board Size$_{t-1}$		−0.5235* (−1.84)		−0.5113** (−2.14)		−0.4782* (−1.75)		−0.4848** (−1.98)
Dual$_{t-1}$		−0.1410 (−0.52)		−0.1275* (−1.72)		−0.1672 (−0.21)		−0.1151 (−1.62)
CEO Age$_{t-1}$		1.4348 (1.05)		1.6401 (1.19)		1.6473 (1.20)		1.8631 (1.35)
Asset Growth$_{t-1}$			0.6631 (0.95)	0.5718 (0.78)			0.5814 (0.82)	0.5094 (0.69)
ΔNPL$_t$			−0.4093* (−1.68)	−0.3367* (−1.67)			−0.4054* (−1.88)	−0.3435* (−1.76)
CAR$_{t-1}$			0.0039 (0.13)	0.0756* (1.74)			0.0085 (0.22)	0.0615 (1.45)
截距项	1.5107 (3.03)	−9.3929 (−0.42)	1.7348*** (2.75)	−3.5546 (−0.65)	1.5425 (3.07)	−3.7339 (−0.69)	1.7182*** (2.70)	−4.5461 (−0.82)

续表

解释变量	(1)	(2)	(3)	(4)	(5)	(6)	(7)	(8)
年份虚拟变量	Yes	Yes	Yes	Yes	Yes	Yes	Yes	Yes
R^2	0.1823	0.2153	0.1989	0.2289	0.1719	0.2036	0.1887	0.2175
F 值	7.07***	4.85**	6.02***	4.10***	6.58***	4.52***	5.63***	3.83***
银行—年样本数	230	225	228	223	230	225	228	223

注：①括号内为 t 值；② *** 表示 1% 水平上显著；** 表示 5% 水平上显著；* 表示 10% 水平上显著。

表 4.7 中公司治理控制变量的回归结果，可以发现 Big Share 的系数显著为负，说明当银行的股权越分散时，银行高管薪酬的敏感度越强。当股权越分散时，股东在制订薪酬激励计划时越能相互制衡，有利于制订更为合理的高管薪酬激励计划；反之，当股权集中程度越高时，大股东对高管薪酬的控制权越强，在制订高管薪酬激励计划时越可能加入主观因素，对薪酬激励产生不利影响。Ind Directors 的系数显著为正，说明当独立董事所占董事会比重越大时，越能够增强银行高管薪酬的敏感度。由于独立董事具备专业性、独立性且为外部人等特点，能够对董事会重大决策发表意见，强化董事会对高管的监督，维护外部中小股东的利益，提高高管薪酬对银行绩效的敏感度，因而独立董事制度确实是改善公司治理结构的重要举措。Board Size 的系数显著为负，说明当董事会规模越小时，越容易增强银行高管的薪酬绩效敏感度，规模较小的董事会可以更有效地监督高管行为，大的董事会往往太过"礼貌友好"而容易被高管控制（Jensen，1993；Yermack，1996）。Dual 的系数均为负，但是并不完全显著；CEO Age 的系数均为正但也不显著，因此，两职合一与 CEO 年龄并不是影响高管薪酬绩效敏感度的重要因素。

表 4.7 中银行财务控制变量的回归结果，可以发现 ΔNPL 的系数显著为负，这说明，当银行不良贷款率上升时，高管薪酬绩效的敏感度会降低。这与实际情况也是相符的，当银行的经营风险较大时，高管则会倾向于规避激励性较强的薪酬计划，转而选择较为稳定的薪酬计划来减小自身收益的不确定性。Asset Growth 和 CAR 的系数均为正，但并不是完全显著，因而说明两者对银行高管薪酬绩效敏感度的影响相对较小。

其次我们分析境外战略投资者与第一大股东制衡情况对高管薪酬绩效敏感度的影响，选择 Z = FSI-Share Hold2，结果如表 4.8 所示，回归方法为混合最小二乘法。FSI-Share Hold2$_{t-1}$ × ΔRoa$_t$ 的系数显著为正，系数估计值约为1.78，因此，说明当境外战略投资者与第一大股东的持股数量之比每增加

1%时，银行高管的薪酬绩效敏感度平均增加 1.78%。这一结果与本书前面的理论分析和提出的假设相一致，FSI-Share Hold2 衡量了境外战略投资者对大股东的制衡作用，境外战略投资者与第一大股东持股比越大，越看重对银行的控制权和影响力，也越有动力参与银行的公司治理，越能促使银行制订有效的高管薪酬激励契约，增强薪酬对银行绩效的敏感度。

表 4.8　境外战略投资者与第一大股东持股之比对薪酬敏感度的回归结果

解释变量	（1）	（2）	（3）	（4）
ΔRoa_{t-1}	0.4056 （0.99）	0.3901 （0.93）	0.4932 （1.20）	0.4475 （1.06）
FSI-Share Hold2$_{t-1}$ × ΔRoa_t	1.8978 ** （2.06）	1.7301 ** （2.03）	1.9633 ** （2.11）	1.7839 ** （1.96）
Big Share$_{t-1}$		-0.0189 ** （-2.15）		-0.0156 * （-1.71）
Ind Directors$_{t-1}$		2.1621 ** （2.11）		2.0731 ** （1.97）
Board Size$_{t-1}$		-0.4712 * （-1.74）		-0.4644 （-0.72）
Dual$_{t-1}$		-0.1251 （-0.45）		-0.1130 （-0.40）
CEO Age$_{t-1}$		1.5905 （1.16）		1.8023 （1.29）
Asset Growth$_{t-1}$			0.6042 （0.86）	0.5337 （0.72）
ΔNPL_t			-0.3788 * （-1.87）	-0.3267 * （-1.83）
CAR$_{t-1}$			0.0025 （0.06）	0.0003 （0.01）
截距项	1.5464 *** （3.08）	-3.5384 （-0.65）	1.6448 ** （2.55）	-4.3626 （-0.79）
年份虚拟变量	Yes	Yes	Yes	Yes
R^2	0.1741	0.2035	0.1918	0.2162
F 值	6.68 ***	4.51 **	5.15 ***	3.81 ***
银行—年样本数	230	225	228	223

注：①括号内为 t 值；②*** 表示 1% 水平上显著；** 表示 5% 水平上显著；* 表示 10% 水平上显著。

　　再其次考察境外战略投资者派驻董事情况对高管薪酬绩效敏感度的影响，选择 Z = D_（FSI_Dir）以及 Z = FSI_director，回归结果如表4.9所示。回归方法为混合最小二乘法，其中，第（1）~ 第（4）列是考察境外战略投资者向银行派驻外资董事是否会影响银行高管薪酬的绩效敏感度。通过观测第（1）~ 第（4）列的结果可以看出 D_（FSI_Dir)$_{t-1}$×ΔRoa$_t$ 的系数显著为正，因此，说明当境外战略投资者向银行派驻外资股东董事时，银行高管的薪酬绩效敏感度更强；D_（FSI_Dir)$_{t-1}$×ΔRoa$_t$ 的系数约为2.81，因此，相对于无外资股东董事的银行，境外战略投资者派驻董事的银行的高管薪酬绩效的敏感度约高2.81个百分点。表4.9中第（5）~ 第（8）列是考察境外战略投资者派驻董事占董事会比例对银行高管薪酬的绩效敏感度的影响。通过观测第（5）~ 第（8）列的结果可以看出 FSI_director$_{t-1}$×ΔRoa$_t$ 的系数显著为正，因此，说明境外战略投资者派驻董事占董事会比例越高时，高管的薪酬绩效敏感度越强；FSI_director$_{t-1}$×ΔRoa$_t$ 的系数约为14.13，因此，当外资董事在董事会中所占比例增加1%时，银行高管薪酬绩效的敏感度就会上升14.13个百分点。结合前面的理论分析，我们认为，境外战略投资者的引入会增强银行高管薪酬的敏感度，且境外战略投资者对银行的公司治理参与程度越高，在制订高管薪酬激励契约时越能够发挥积极作用，验证了本书前面的理论分析和提出的假设。

表 4.9　　　　　　境外战略投资者派驻董事对高管薪酬敏感度回归结果

解释变量	（1）	（2）	（3）	（4）	（5）	（6）	（7）	（8）
ΔRoa$_{t-1}$	0.3147	0.3043	0.4018	0.3603	0.3384	0.3244	0.4254	0.3792
	(0.78)	(0.74)	(0.99)	(0.87)	(0.84)	(0.79)	(1.05)	(0.92)
D_（FSI_Dir)$_{t-1}$×ΔRoa$_t$	2.7279***	2.1859***	2.8364***	2.8075***				
	(3.32)	(3.25)	(3.41)	(3.27)				
FSI_director$_{t-1}$×ΔRoa$_t$					14.7951***	14.3472***	14.5786***	14.1306***
					(3.52)	(3.34)	(3.43)	(3.24)
Big Share$_{t-1}$		-0.0206**		-0.0174**		-0.0191**		-0.0160*
		(-2.38)		(-1.99)		(-2.21)		(-1.79)
Ind Directors$_{t-1}$		2.2472**		2.1577**		2.2391*		2.2176**
		(2.31)		(1.98)		(1.84)		(2.11)
Board Size$_{t-1}$		-0.5906*		-0.5769*		-0.5255*		-0.5289*
		(-1.91)		(-1.84)		(-1.65)		(-1.68)

续表

解释变量	（1）	（2）	（3）	（4）	（5）	（6）	（7）	（8）
$Dual_{t-1}$		-0.1033		-0.0884		-0.1048		-0.0965
		（-0.38）		（-0.32）		（-0.39）		（-0.35）
CEO Age_{t-1}		1.2721		1.4749		1.3241		1.5159
		（0.94）		（1.08）		（0.98）		（1.11）
Asset $Growth_{t-1}$			0.6561	0.5493			0.6169	0.5392
			（0.95）	（0.76）			（0.89）	（0.75）
ΔNPL_t			-0.3944*	-0.3271*			-0.3288*	-0.2662*
			（-1.68）	（-1.73）			（-1.69）	（-1.79）
CAR_{t-1}			0.0038	0.0072			0.0095	0.0063
			（0.10）	（0.18）			（0.24）	（0.16）
截距项	1.4658	-2.0365	1.6199***	-2.7728	1.4214***	-2.4893	1.4291***	-3.3060
	（2.97）	（-0.38）	（2.65）	（-0.51）	（2.88）	（-0.46）	（2.23）	（-0.61）
年份虚拟变量	Yes	Yes	Yes	Yes	Yes	Yes	Yes	Yes
R^2	0.1980	0.2293	0.2173	0.2423	0.2027	0.2314	0.2178	0.2417
F 值	7.83***	5.26**	6.02***	4.41***	8.06***	5.32***	6.04***	4.40***
银行—年样本数	230	225	228	223	230	225	228	223

　　注：①括号内为 t 值；②*** 表示 1% 水平上显著；** 表示 5% 水平上显著；* 表示 10% 水平上显著。

　　最后分析境外战略投资者提供公司治理经验对高管薪酬绩效敏感度的影响，选择 Z = D_FSI_CG，结果如表 4.10 所示，回归方法为混合最小二乘法。$D\_FSI\_CG_{t-1} \times \Delta Roa_t$ 的系数显著为正，系数估计值约为 3.79，说明境外战略投资者确实向合作银行输入了治理技术和经验，提高了我国银行高管薪酬绩效的敏感度。这一结果与本书前面的理论分析和提出的假设相一致。

表 4.10　　境外战略投资者公司治理经验对薪酬敏感度的回归结果

解释变量	（1）	（2）	（3）	（4）
ΔRoa_{t-1}	0.3923	0.3902	0.3829	0.3913
	（0.94）	（0.89）	（0.88）	（0.93）
$D\_FSI\_CG_{t-1} \times \Delta Roa_t$	3.4978***	3.3432***	3.7234***	3.7879***
	（2.78）	（2.98）	（3.09）	（3.21）

解释变量	(1)	(2)	(3)	(4)
Big Share$_{t-1}$		-0.0175^*		-0.0136
		(-1.87)		(-1.40)
Ind Directors$_{t-1}$		2.3697		2.2920
		(1.46)		(1.38)
Board Size$_{t-1}$		-0.3244		-0.3233
		(-0.51)		(-0.50)
Dual$_{t-1}$		-0.1307		-0.1148
		(-0.46)		(-0.40)
CEO Age$_{t-1}$		2.0882		2.3697^*
		(1.51)		(1.70)
Asset Growth$_{t-1}$			0.3918	0.3961
			(0.55)	(0.54)
ΔNPL$_t$			0.3878^*	0.3540
			(1.90)	(1.62)
CAR$_{t-1}$			0.0119	0.0094
			(0.30)	(0.23)
截距项	1.7950^{***}	-5.6928	1.8426^{***}	-6.8019
	(3.38)	(-1.04)	(2.74)	(-1.22)
年份虚拟变量	Yes	Yes	Yes	Yes
R^2	0.159	0.193	0.176	0.206
F 值	6.01^{***}	4.23^{***}	4.63^{***}	3.59^{***}
银行—年样本数	230	225	228	223

注：①括号内为 t 值；② *** 表示 1% 水平上显著；** 表示 5% 水平上显著；* 表示 10% 水平上显著。

我国商业银行可以分为全国股份制商业银行和城市商业银行两大类，两类银行的规模、经营范围、盈利模式和管理水平等特征都存在显著差异，并且近年来城商行的发展非常迅速，对我国银行业的格局产生了深刻影响。因此，我们有必要对两类银行分别考察，检验境外战略投资者引入对两类银行影响的差异，全国股份制商业银行境外战略投资者对高管薪酬绩效敏感度的实证分析结果如表 4.11 所示，城市商业银行境外战略投资者对高管薪酬绩效敏感度的实证分析结果如表 4.12 所示，回归方法为混合最小二乘法。全国股份制商业银行 $D\_FSI_{t-1} \times \Delta Roa_t$ 的系数约为 6.54，正向显著，城市商业银行 $D\_FSI_{t-1} \times \Delta Roa_t$ 的系数约为 0.74，正向微弱显著，因此，引入境外战略投资者对全国股份制商业银行的高管薪酬绩效敏感度影响更大；全国股份制商业银行 $FSI\text{-}Share\ Hold1_{t-1} \times \Delta Roa_t$ 的系数约为 0.26，正向显著，城市商业银行 $FSI\text{-}Share\ Hold1_{t-1} \times \Delta Roa_t$ 的系数约为 0.02，正向显著，因此，境外战略投资者持股比例对全国股份制商业银行的高管薪酬绩效敏感度影响更大。全国股份制商业银行 $FSI\text{-}Share\ Hold2_{t-1} \times \Delta Roa_t$ 的系数约为 1.35，正向显著，城市商业银行 $FSI\text{-}Share\ Hold2_{t-1} \times \Delta Roa_t$ 的系数约为 0.22，正向微弱显著，因此，境外战略投资者与第一大股东制衡的情况对全国股份制商业银行的高管薪酬绩效敏感度影响更大。通过对比这三个变量的回归结果可以得出结论，境外战略投资者参股对银行高管薪酬绩效敏感度的影响会受到银行类型的影响，全国股份制商业银行在引入境外战略投资者之后薪酬绩效的敏感度有了更大幅度的提升。全国股份制商业银行 $D\_(FSI\_Dir)_{t-1} \times \Delta Roa_t$ 的系数约为 3.58，正向显著，城市商业银行 $D\_(FSI\_Dir)_{t-1} \times \Delta Roa_t$ 的系数约为 0.40，正向微弱显著，因此，境外战略投资者派驻董事对全国股份制商业银行的高管薪酬绩效敏感度影响更大；全国股份制商业银行 $FSI\_director_{t-1} \times \Delta Roa_t$ 的系数约为 9.80，正向显著，城市商业银行 $FSI\_director_{t-1} \times \Delta Roa_t$ 的系数约为 0.09，正向微弱显著，因此，境外战略投资者派驻董事在董事会中的比例越高，对全国股份制商业银行的高管薪酬绩效敏感度影响更大。通过对比这两个变量的回归结果可以得出结论，境外战略投资者派驻董事对银行高管薪酬绩效敏感度的影响会受到银行类型的影响。全国股份制商业银行 $D\_FSI\_CG_{t-1} \times \Delta Roa_t$ 的系数约为 4.14，正向显著，城市商业银行 $D\_FSI\_CG_{t-1} \times \Delta Roa_t$ 的系数约为 -0.41，不显著，因此，境外战略投资者将公司治理作为战略协议合作内容的占比越高，对全国股份制商业银行的高管薪酬绩效敏感度影响更大。通过上述对境外战略投资者相关变量的对比分析可以看出，境外战略投资者对全国股份制银行的影响更为显著，当境外战略投资者持股比例增加、对第一大股东制衡强度增加、派驻董事占比提高以及越能向银行提供公司治理经验时，都会显著提升全国股份制银行高管薪酬绩效的敏感度，而对城市商业银行也有显著影响，但影响力度相对较小，说明境外战略投资者对全国股份制商业银行的激励作用更强。

表 4.11 境外战略投资者对全国股份制商业银行高管薪酬敏感度的回归结果

解释变量	全国股份制商业银行① (Shared ComB = 1)					
	(1)	(2)	(3)	(4)	(5)	(6)
ΔRoa_{t-1}	2.1952* (1.78)	2.4099* (1.73)	2.3257* (1.68)	1.9435 (1.47)	2.2322* (1.66)	2.0863 (1.59)
$D\_FSI_{t-1} \times \Delta Roa_t$	6.5413*** (3.16)					
FSI-Share Hold1$_{t-1}$ × ΔRoa_t		0.2585** (2.30)				
FSI-Share Hold2$_{t-1}$ × ΔRoa_t			1.3463** (2.14)			
D_(FSI_Dir)$_{t-1}$ × ΔRoa_t				3.5799** (2.13)		
$FSI\_director_{t-1} \times \Delta Roa_t$					9.7954*** (2.77)	
$D\_FSI\_CG_{t-1} \times \Delta Roa_t$						4.1394* (1.77)
Big Share$_{t-1}$	−0.0152 (−0.71)	−0.0130 (−0.59)	−0.0125 (−0.49)	−0.0152 (−0.83)	−0.0139 (−0.67)	−0.0146 (−0.79)
Ind Directors$_{t-1}$	4.1206* (1.67)	4.7277* (1.74)	1.9601* (1.73)	2.9676* (1.86)	2.6088* (1.64)	0.9580 (0.19)
Board Size$_{t-1}$	−0.9680* (−1.84)	−1.5559* (−1.89)	−3.3571* (−1.69)	−3.3851* (−1.87)	−3.0750* (−1.84)	−1.6864 (−0.43)
Dual$_{t-1}$	−0.3112 (−0.41)	−0.1672 (−0.21)	−0.5501 (−0.26)	−0.5091 (−0.77)	−0.5455 (−0.32)	−0.6861 (−1.03)
CEO Age$_{t-1}$	3.0998 (0.66)	3.8808 (0.81)	6.2074 (0.82)	5.3994 (1.33)	5.6154 (0.57)	5.2894 (1.30)

---

① 本书也将国有控股"五大"商业银行从全国股份制商业银行中分拆出来进行了实证分析,回归结果没有发生较大的变化。

续表

解释变量	全国股份制商业银行 (Shared ComB = 1)					
	（1）	（2）	（3）	（4）	（5）	（6）
Asset Growth$_{t-1}$	1.5550 (0.79)	1.4309 (0.71)	1.0188 (0.68)	1.0581 (0.61)	1.1930 (0.76)	1.1033 (0.63)
ΔNPL$_t$	-0.7047* (-1.81)	-0.6012 (-1.62)	-0.7110* (-1.86)	-0.4674* (-1.92)	-0.5507* (-1.76)	0.3578 (0.69)
CAR$_{t-1}$	-0.1126 (-0.62)	-0.1123 (-0.60)	0.0068 (0.48)	0.0073 (0.04)	0.0286 (0.11)	-0.0021 (-0.01)
截距项	-9.3929 (-0.42)	-10.5348 (-0.46)	-13.2152 (-0.49)	-10.5715 (-0.55)	-12.3431 (-0.40)	-14.1630 (-0.74)
年份虚拟变量	Yes	Yes	Yes	Yes	Yes	Yes
R^2	0.4443	0.4353	0.4363	0.4572	0.4436	0.4561
F 值	3.84**	3.70***	3.71***	4.04***	3.83***	4.03***
银行—年样本数	88	88	88	88	88	88

注：①括号内为 t 值；② *** 表示 1% 水平上显著；** 表示 5% 水平上显著；* 表示 10% 水平上显著。

表 4.12　境外战略投资者对城市商业银行高管薪酬敏感度的回归结果

解释变量	城市商业银行 (City ComB = 1)					
	（1）	（2）	（3）	（4）	（5）	（6）
ΔRoa$_{t-1}$	0.0038 (0.03)	0.0014 (0.01)	0.0020 (0.01)	0.0038 (0.03)	0.0004 (0.68)	0.1114 (0.68)
D_FSI$_{t-1}$ × ΔRoa$_t$	0.7354* (1.68)					
FSI-Share Hold1$_{t-1}$ × ΔRoa$_t$		0.0226** (2.18)				
FSI-Share Hold2$_{t-1}$ × ΔRoa$_t$			0.2214* (1.87)			
D_(FSI_Dir)$_{t-1}$ × ΔRoa$_t$				0.3962* (1.89)		

续表

解释变量	城市商业银行 （City ComB = 1）					
	（1）	（2）	（3）	（4）	（5）	（6）
FSI_director$_{t-1}$ × ΔRoa$_t$					0.0928 * （1.67）	
D_FSI_CG$_{t-1}$ ×ΔRoa$_t$						− 0.4119 （ − 0.60）
Big Share$_{t-1}$	− 0.0070 （ − 0.90）	− 0.0071 （ − 0.91）	− 0.0072 （ − 0.93）	− 0.0070 （ − 0.90）	− 0.0073 （ − 0.94）	− 0.0061 （ − 0.77）
Ind Directors$_{t-1}$	0.7528 * （1.68）	0.7481 ** （2.23）	0.7431 * （1.85）	0.7528 ** （2.37）	0.7623 ** （1.97）	0.7963 （1.29）
Board Size$_{t-1}$	− 0.6754 * （ − 2.23）	− 0.6705 * （ − 1.66）	− 0.0750 * （ − 1.72）	− 0.0754 * （ − 1.68）	− 0.0742 * （ − 1.84）	− 0.0810 （ − 0.32）
Dual$_{t-1}$	− 0.1195 （ − 0.92）	− 0.1222 （ − 0.93）	− 0.1182 （ − 0.90）	− 0.1198 （ − 0.92）	− 0.1233 （ − 0.94）	− 0.0901 （ − 0.69）
CEO Age$_{t-1}$	1.3499 ** （2.30）	1.3552 ** （2.04）	1.3431 ** （2.01）	1.3499 ** （2.03）	1.3478 ** （2.03）	1.3569 ** （1.98）
Asset Growth$_{t-1}$	− 0.2339 （ − 0.74）	− 0.2310 （ − 0.73）	− 0.2023 （ − 0.63）	− 0.2339 （ − 0.74）	− 0.2175 （ − 0.69）	− 0.3426 （ − 1.02）
ΔNPL$_t$	− 0.2408 ** （ − 1.68）	− 0.2383 ** （ − 1.99）	− 0.2155 ** （ − 2.47）	− 0.2408 ** （ − 1.99）	− 0.2401 ** （ − 2.35）	− 0.1519 （ − 1.16）
CAR$_{t-1}$	− 0.0023 （ − 0.13）	− 0.0029 （ − 0.17）	− 0.0036 （ − 0.21）	− 0.0023 （ − 0.13）	− 0.0028 （ − 0.16）	0.0023 （0.12）
截距项	− 4.5064 （ − 1.71）	− 4.5281 * （ − 1.71）	− 4.4621 * （ − 1.68）	− 4.5064 * （ − 1.71）	− 4.4968 * （ − 1.70）	− 4.4920 （ − 1.62）
年份虚拟变量	Yes	Yes	Yes	Yes	Yes	Yes
R^2	0.1827	0.1823	0.1782	0.1827	0.1818	0.1172
F 值	1.12	1.11	1.05	1.12	1.10	1.05
银行—年样本数	135	135	135	135	135	135

注：①括号内为 t 值；②*** 表示 1% 水平上显著；** 表示 5% 水平上显著；* 表示 10% 水平上显著。

4.3.1.2　对基准模型（4.2）的实证分析结果

在分析境外战略投资者对以后薪酬敏感度影响时，除了采取基准模型（4.1）的实证模型之外，本书还借鉴库伯（Kubo，2005）提出的直接计算薪酬业绩敏感度的方法，用高管薪酬的变化率与公司业绩的变化率相比，得到银行的高管薪酬绩效敏感度，其计算公式为：

$$PPS_t = \frac{\Delta Compensation_t / Compensation_{t-1}}{\Delta Performance_t / Performance_{t-1}}$$

结合指标构建和对指标描述性统计分析的结果，在此我们进一步将模型（4.2）具体化，构建以下回归方程，即：

$$\begin{aligned}
PPS_{it} = {} & \alpha_0 + \beta_1 \Delta Roa_{it} + \beta_2 \Delta Roa_{i,t-1} + \beta_3 Z_{i,t-1} + \beta_4 Big\ Share_{i,t-1} \\
& + \beta_5 Ind\ Directors_{i,t-1} + \beta_6 Board\ Size_{i,t-1} + \beta_7 Dual_{i,t-1} \\
& + \beta_8 CEO\ Age_{i,t-1} + \beta_9 Asset\ Growth_{i,t-1} + \beta_{10} \Delta NPL_{it} \\
& + \beta_{11} CAR_{i,t-1} + \sum \beta_y\ year\ dummy\ variables_t + \varepsilon_{it}
\end{aligned}$$

首先考察境外战略投资者持股情况对高管薪酬绩效敏感度的影响，选择 Z = D_FSI 以及 Z = FSI-Share Hold1，回归结果如表 4.13 所示，回归方法为混合最小二乘法。其中，第（1）~第（4）列是考察境外战略投资者参股银行是否会显著影响银行高管薪酬的绩效敏感度。通过观测第（1）~第（4）列的结果可以看出 D_FSI$_{t-1}$ 的系数显著为正，因此，说明有境外战略投资者参股的银行，其银行高管的薪酬绩效敏感度更强；D_FSI$_{t-1}$ 的系数约为 2.12，因此，当银行有境外战略投资者参股时，其高管薪酬绩效的敏感度约会提高 2.12 个百分点。表 4.13 中第（5）~第（8）列是考察境外战略投资者持股比例对银行高管薪酬的绩效敏感度的影响。通过观测第（5）~第（8）列的结果可以看出 FSI-Share Hold1$_{t-1}$ 的系数显著为正，因此，说明境外战略投资者对银行的持股比例越高时，高管的薪酬绩效敏感度越强；FSI-Share Hold1$_{t-1}$ 的系数约为 0.03，因此，当境外战略投资者的持股比例每增加 1 个百分点时，银行高管薪酬绩效的敏感度就会上升 0.03 个百分点。结合前面的理论分析，我们认为，境外战略投资者的引入会增强银行高管薪酬绩效的敏感度，且境外战略投资者对银行的公司治理参与程度越高，在制订高管薪酬激励契约时越能发挥积极作用，以上结果则验证了本书前面的理论分析和提出的假设。

表 4.13   境外战略投资者参股对高管薪酬绩效敏感度影响的回归结果

解释变量	（1）	（2）	（3）	（4）	（5）	（6）	（7）	（8）
ΔRoa_{t-1}	0.2749	0.5898	0.1945	0.5057	0.2539	0.6142	0.1746	0.5273
	（0.30）	（0.62）	（0.21）	（0.53）	（1.28）	（0.65）	（1.19）	（0.55）
ΔRoa_t	1.3736*	1.0246*	1.5011*	1.1253*	1.4428*	1.0216*	1.5927*	1.1211*
	（1.89）	（1.83）	（1.91）	（1.87）	（1.92）	（1.68）	（1.86）	（1.87）
D_FSI_{t-1}	0.1787**	0.4521**	0.1639**	2.1171***				
	（2.24）	（2.14）	（2.25）	（2.66）				
FSI-Share Hold1$_{t-1}$					0.0121**	0.0352**	0.0113**	0.0314**
					（1.99）	（2.14）	（1.95）	（1.99）
Big Share$_{t-1}$		−0.0286*		−0.0342*		−0.0276**		−0.0329*
		（−1.91）		（−1.71）		（−2.57）		（−1.71）
Ind Directors$_{t-1}$		4.3305*		3.9709*		4.3704*		3.9776*
		（1.78）		（1.74）		（1.77）		（1.77）
Board Size$_{t-1}$		−0.0789*		−0.2644*		−0.0500*		−0.2318*
		（−1.92）		（−1.79）		（−1.65）		（−1.87）
Dual$_{t-1}$		−0.1174		−0.0661		−0.0668		−0.0155
		（−0.18）		（−0.10）		（−0.10）		（−0.02）
CEO Age$_{t-1}$		0.2575		−0.2067		0.2356		0.1849
		（0.08）		（−0.06）		（1.07）		（0.05）
Asset Growth$_{t-1}$			0.6726	0.0744			0.7972	0.0332
			（0.40）	（0.04）			（0.48）	（0.02）
ΔNPL_t			−0.1662**	−0.2689**			−0.1343*	−0.2543**
			（−2.18）	（−2.13）			（−1.73）	（−2.26）
CAR$_{t-1}$			0.1409*	0.1471			0.1424	0.1453
			（1.73）	（1.54）			（1.53）	（1.52）
截距项	0.5994	0.9837	2.0235*	3.9830	0.4208	1.0713	1.8472	3.9126
	（1.26）	（0.07）	（1.75）	（0.29）	（0.98）	（0.68）	（1.42）	（0.29）
年份虚拟变量	Yes	Yes	Yes	Yes	Yes	Yes	Yes	Yes
R^2	0.0771	0.1461	0.1089	0.177	0.0879	0.1069	0.0887	0.1193
F 值	4.07*	2.85**	4.42**	3.07***	4.21*	3.52**	3.63**	2.77**
银行—年样本数	227	222	225	220	227	222	225	220

注：①括号内为 t 值；② *** 表示 1% 水平上显著；** 表示 5% 水平上显著；* 表示 10% 水平上显著。

　　其次分析境外战略投资者与第一大股东制衡情况对高管薪酬绩效敏感度的影响，选择 Z = FSI-Share Hold2，结果如表 4.14 所示，回归方法为混合最小二乘法。FSI-Share Hold2$_{t-1}$ 的系数显著为正，系数估计值约为 0.53，因此说明，当境外战略投资者与第一大股东的持股数量之比每增加 1% 时，银行高管的薪酬绩效敏感度平均增加 0.53%。这一结果与本书前面的理论分析相一致，FSI-Share Hold2 衡量了境外战略投资者对大股东的制衡作用，境外战略投资者对第一大股东制衡比例越大，越有意愿制订有效的高管薪酬激励契约，增强薪酬对银行绩效的敏感度。

表 4.14　　境外战略投资者与股东制衡情况对高管薪酬绩效敏感度影响的回归结果

解释变量	(1)	(2)	(3)	(4)
ΔRoa_{t-1}	0.2359 (1.26)	0.5761 (0.61)	0.1537 (1.17)	0.4937 (1.52)
ΔRoa_t	1.4737 * (1.69)	1.0390 * (1.84)	1.6421 * (1.77)	1.1422 * (1.89)
FSI-Share Hold2$_{t-1}$	0.3814 ** (2.16)	0.5891 ** (2.23)	0.4176 ** (2.31)	0.5305 ** (2.10)
Big Share$_{t-1}$		− 0.0227 ** (− 2.43)		− 0.0285 * (− 1.68)
Ind Directors$_{t-1}$		4.2599 ** (2.31)		3.9115 ** (2.00)
Board Size$_{t-1}$		− 0.0298 * (− 1.64)		− 0.2287 (− 0.15)
Dual$_{t-1}$		− 0.0465 (− 0.65)		− 0.0005 (− 0.45)
CEO Age$_{t-1}$		0.2022 (1.06)		0.2114 (1.06)
Asset Growth$_{t-1}$			0.8310 (0.51)	0.0665 (0.74)
ΔNPL_t			− 0.1210 * (− 1.67)	− 0.2434 * (− 1.88)

续表

解释变量	（1）	（2）	（3）	（4）
CAR_{t-1}			0.1446 （1.56）	0.1464 （1.53）
截距项	0.3718 （1.08）	1.1538 （0.09）	1.8014 （1.40）	3.9450 （0.29）
年份虚拟变量	Yes	Yes	Yes	Yes
R^2	0.0704	0.1100	0.1001	0.1962
F 值	2.06 **	1.88 **	2.15 ***	2.88 **
银行—年样本数	227	222	225	220

注：①括号内为 t 值；② *** 表示 1% 水平上显著；** 表示 5% 水平上显著；* 表示 10% 水平上显著。

再其次考察境外战略投资者派驻董事情况对高管薪酬绩效敏感度的影响，选择 Z = D_（FSI_Dir）以及 Z = FSI_director，回归结果如表 4.15 所示，回归方法为混合最小二乘法。其中，第（1）~第（4）列考察境外战略投资者是否向银行派驻外资董事会影响银行高管薪酬的绩效敏感度。通过观测第（1）~第（4）列的结果可以看出 D_（FSI_Dir）$_{t-1}$ 的系数显著为正，因此，说明当境外战略投资者向银行派驻外资股东董事时，银行高管的薪酬绩效敏感度更强；D_（FSI_Dir）$_{t-1}$ 的系数约为 0.99，因此，相对于无外资股东董事的银行，境外战略投资者派驻董事的银行的高管薪酬绩效的敏感度约高 0.99 个百分点。表 4.15 中第（5）~第（8）列是考察境外战略投资者派驻董事占董事会比例对银行高管薪酬的绩效敏感度的影响。通过观测第（5）~第（8）列的结果可以看出 FSI_director$_{t-1}$ 的系数显著为正，因此，说明境外战略投资者派驻董事占董事会比例越高时，高管的薪酬绩效敏感度越强；FSI_director$_{t-1}$ 的系数约为 2.85，因此，当外资董事在董事会中所占比例增加 1% 时，银行高管薪酬绩效的敏感度就会上升 2.85%。结合前面的理论分析，我们认为，境外战略投资者的引入会增强银行高管薪酬的敏感度，且境外战略投资者对银行的公司治理参与程度越高，在制订高管薪酬激励契约时越能发挥积极作用。

表 4.15　　境外战略投资者派驻董事对高管薪酬绩效敏感度影响的回归结果

解释变量	（1）	（2）	（3）	（4）	（5）	（6）	（7）	（8）
ΔRoa_{t-1}	0.5112 (0.56)	0.6092 (0.65)	0.1491 (1.26)	0.5286 (0.56)	0.2512 (0.88)	0.6078 (0.64)	0.1779 (1.19)	0.5190 (0.54)
ΔRoa_t	1.4928 * (1.65)	1.0437 * (1.85)	1.6534 * (1.91)	1.1368 * (1.89)	1.4341 * (1.88)	0.9958 * (1.81)	1.5799 * (1.66)	1.0997 * (1.86)
$D\_(FSI\_Dir)_{t-1}$	0.4233 ** (2.43)	1.0835 *** (2.85)	0.4008 *** (3.33)	0.9889 ** (2.32)				
$FSI\_director_{t-1}$					2.3254 ** (1.72)	4.3624 ** (1.95)	1.4475 *** (3.34)	2.8469 *** (2.14)
$Big\ Share_{t-1}$		−0.0300 ** (−1.88)		−0.0349 ** (−1.98)		−0.0250 ** (−2.00)		−0.0303 * (−1.90)
$Ind\ Directors_{t-1}$		4.6426 ** (2.31)		4.2837 ** (2.33)		4.0968 * (1.78)		3.7769 ** (1.97)
$Board\ Size_{t-1}$		−0.2272 * (−1.71)		−0.0238 * (−1.64)		−0.0392 * (−1.73)		−0.2754 * (−1.88)
$Dual_{t-1}$		−0.0526 (−0.08)		−0.0039 (−0.01)		−0.0109 (−0.02)		−0.0091 (−0.05)
$CEO\ Age_{t-1}$		−0.3940 (−0.74)		−0.7409 (−0.22)		−0.3596 (−0.10)		0.4114 (1.12)
$Asset\ Growth_{t-1}$			0.8558 (0.52)	0.4007 (0.48)			0.7820 (0.48)	0.0222 (0.75)
ΔNPL_t			−0.1136 * (−1.78)	−0.1409 * (−1.67)			−0.1141 * (−1.79)	−0.2204 * (−1.79)
CAR_{t-1}			0.1413 (1.52)	0.0072 (0.18)			0.1395 (1.49)	0.1387 (1.44)
截距项	1.4658 (2.97)	4.1529 (0.31)	1.7173 (1.31)	6.6274 (0.49)	0.3794 (0.88)	3.2907 (0.24)	1.8214 (1.39)	4.5675 (0.33)
年份虚拟变量	Yes	Yes	Yes	Yes	Yes	Yes	Yes	Yes
R^2	0.0704	0.0933	0.1153	0.1214	0.0705	0.1314	0.0798	0.1379
F 值	2.06 **	1.65 *	1.82 **	2.43 **	2.07 **	2.02 **	1.98 **	2.75 **
银行—年样本数	227	222	225	220	227	222	225	220

注：①括号内为 t 值；② *** 表示 1% 水平上显著；** 表示 5% 水平上显著；* 表示 10% 水平上显著。

最后分析境外战略投资者提供公司治理经验对高管薪酬绩效敏感度的影响，选择 Z = D_FSI_CG，结果如表 4.16 所示，回归方法为混合最小二乘法。D_FSI_CG$_{t-1}$ 的系数显著为正，系数估计值约为 0.21，说明境外战略投资者确实向合作银行输入了治理技术和经验，提高了我国银行高管薪酬绩效的敏感度。这一结果与本书前面的理论分析和提出的假设相一致。

表 4.16   境外战略投资者公司治理经验对薪酬敏感度的回归结果

解释变量	(1)	(2)	(3)	(4)
ΔRoa_{t-1}	-0.6347 (-0.64)	-0.9100 (-0.88)	-0.6097 (-0.61)	-0.8233 (-0.79)
ΔRoa_t	-0.4989 (-0.41)	-0.8051 (-0.61)	-0.2625 (-0.21)	-0.5700 (-0.42)
D_FSI_CG$_{t-1}$	0.6536*** (3.00)	0.1496*** (3.18)	0.5762*** (2.87)	0.2061** (2.24)
Big Share$_{t-1}$		-0.0292 (-1.33)		-0.0328 (-1.43)
Ind Directors$_{t-1}$		-4.5225 (-1.14)		-4.1182 (-1.01)
Board Size$_{t-1}$		0.1082 (0.07)		0.2961 (0.20)
Dual$_{t-1}$		-0.1704 (-0.25)		-0.1355 (-0.20)
CEO Age$_{t-1}$		0.3358 (0.10)		-0.1532 (-0.05)
Asset Growth$_{t-1}$			1.5220 (0.91)	0.8819 (0.50)
ΔNPL_t			-0.1970 (-0.41)	-0.3621 (-0.70)
CAR$_{t-1}$			-0.1053 (-1.12)	-0.1127 (-1.16)
截距项	3.1172** (2.44)	3.1111 (0.24)	3.5831** (2.26)	5.0668 (0.38)

解释变量	（1）	（2）	（3）	（4）
年份虚拟变量	Yes	Yes	Yes	Yes
R^2	0.0406	0.0324	0.0357	0.0266
F 值	2.20**	1.57	1.75*	1.37
银行一年样本数	227	222	225	220

注：①括号内为 t 值；② *** 表示 1% 水平上显著；** 表示 5% 水平上显著；* 表示 10% 水平上显著。

对银行进行分类，境外战略投资者对股份制商业银行高管薪酬绩效敏感度的影响，回归结果如表 4.17 所示，境外战略投资者对城市商业银行高管薪酬绩效敏感度的影响，回归结果如表 4.18 所示，回归方法为混合最小二乘法。全国股份制商业银行 D_FSI_{t-1} 的系数约为 0.98，正向显著，城市商业银行 D_FSI_{t-1} 的系数约为 0.21，正向微弱显著，因此，引入境外战略投资者对全国股份制商业银行的高管薪酬绩效敏感度影响更大；全国股份制商业银行 $FSI\text{-}Share\ Hold1_{t-1}$ 的系数约为 0.04，正向显著，城市商业银行 $FSI\text{-}Share\ Hold1_{t-1}$ 的系数约为 6.49，正向显著，因此，境外战略投资者持股比例对城市商业银行的高管薪酬绩效敏感度影响更大。全国股份制商业银行 $FSI\text{-}Share\ Hold2_{t-1}$ 的系数约为 0.65，正向显著，城市商业银行 $FSI\text{-}Share\ Hold2_{t-1}$ 的系数约为 0.47，正向微弱显著，因此，境外战略投资者与第一大股东制衡的情况对全国股份制商业银行的高管薪酬绩效敏感度影响更大。通过对比这三个变量的回归结果可以得出，境外战略投资者参股对两类银行高管薪酬绩效敏感度都会产生显著的正向影响。全国股份制商业银行 $D\_(FSI\_Dir)_{t-1}$ 的系数约为 0.65，正向显著，城市商业银行 $D\_(FSI\_Dir)_{t-1}$ 的系数约为 0.47，正向微弱显著，因此，境外战略投资者派驻董事对全国股份制商业银行的高管薪酬绩效敏感度影响更大；全国股份制商业银行 $FSI\_director_{t-1}$ 的系数约为 4.71，正向显著，城市商业银行 $FSI\_director_{t-1}$ 的系数约为 6.49，正向显著，因此，境外战略投资者派驻董事在董事会中的比例越高，对两类银行高管的薪酬绩效敏感度都会产生显著正向影响。全国股份制商业银行 $D\_FSI\_CG_{t-1}$ 的系数约为 0.86，正向显著，城市商业银行 $D\_FSI\_CG_{t-1}$ 的系数约为 0.06，正向显著，因此，境外战略投资者将公司治理作为战略协议合作内容的占比越高，对两类银行的高管薪酬绩效敏感度影响更大。通过上述对境外战略投资者相关变量的对比分析可以看出，当境外战略投资者持股比例增加、对第一大股东制衡强度增加、派驻董事占比提高以及越能向银行提供公司治理经验时，都会显著提升两类银行高管薪酬绩效的敏感度。

表 4.17　　境外战略投资者对全国股份制商业银行高管薪酬敏感度的回归结果

解释变量	全国股份制商业银行（Shared ComB = 1）					
	(1)	(2)	(3)	(4)	(5)	(6)
ΔRoa_{t-1}	1.5079	1.4960	1.4103	1.4104	1.4737	2.0499
	(0.90)	(0.89)	(0.84)	(0.84)	(0.88)	(1.07)
ΔRoa_t	0.3722	0.4239	0.3964	0.3964	0.6446	2.9859
	(1.18)	(0.20)	(0.19)	(1.19)	(1.30)	(1.25)
D_FSI_{t-1}	0.9759 **					
	(2.16)					
FSI-Share Hold1$_{t-1}$		0.0402 **				
		(2.39)				
FSI-Share Hold2$_{t-1}$			0.6515 **			
			(1.99)			
$D\_(FSI\_Dir)_{t-1}$				0.6515 **		
				(2.37)		
FSI_director$_{t-1}$					4.7095 ***	
					(2.92)	
$D\_FSI\_CG_{t-1}$						0.8580 ***
						(2.87)
Big Share$_{t-1}$	−0.0142	−0.0109	−0.0059	−0.0059	−0.0075	−0.0140
	(−0.56)	(−0.43)	(−0.22)	(−0.22)	(−0.29)	(−0.57)
Ind Directors$_{t-1}$	3.3210 *	2.5538 *	3.1934 *	3.1934 *	1.8988 *	−5.6639
	(1.69)	(1.84)	(1.88)	(1.74)	(1.67)	(−0.76)
Board Size$_{t-1}$	11.3595 **	11.2687 **	11.4919 **	11.4919 **	11.5929 **	10.9768 **
	(2.14)	(2.12)	(2.16)	(2.16)	(2.18)	(2.09)
Dual$_{t-1}$	−0.3156	−0.0903	−0.0782	−0.0782	−0.0811	−0.6991
	(−0.34)	(−0.11)	(−0.09)	(−0.09)	(−0.09)	(−0.75)
CEO Age$_{t-1}$	−7.9117	−7.1466	−7.0290	−7.0290	−8.3148	−5.9388
	(−1.45)	(−1.30)	(−1.26)	(−1.26)	(−1.50)	(−1.11)

续表

解释变量	全国股份制商业银行 (Shared ComB = 1)					
	（1）	（2）	（3）	（4）	（5）	（6）
Asset Growth$_{t-1}$	0.3439 (0.15)	0.2612 (0.11)	0.2897 (0.12)	0.2897 (0.12)	0.2414 (0.10)	0.5159 (0.22)
ΔNPL_t	-0.3328* (-1.78)	-0.2948* (-1.69)	-0.2743* (-1.80)	-0.2743* (-1.82)	-0.2249* (-1.78)	-0.0298 (-0.05)
CAR$_{t-1}$	-0.1868 (-0.89)	-0.1868 (-0.88)	-0.1726 (0.82)	-0.1726 (-0.82)	0.0506 (0.71)	-0.0806 (-0.36)
截距项	3.5990 (0.14)	0.6966 (0.03)	-0.3994 (-0.09)	-0.3994 (-0.01)	3.8139 (0.15)	-1.1236 (-0.04)
年份虚拟变量	Yes	Yes	Yes	Yes	Yes	Yes
R^2	0.2615	0.2632	0.2599	0.2599	0.2664	0.0942
F 值	2.05**	2.56**	2.54**	2.54**	2.59**	1.56
银行—年样本数	87	87	87	87	87	87

注：①括号内为 t 值；②*** 表示 1% 水平上显著；** 表示 5% 水平上显著；* 表示 10% 水平上显著。

表 4.18　境外战略投资者对城市商业银行高管薪酬敏感度的回归结果

解释变量	城市商业银行 (City ComB = 1)					
	（1）	（2）	（3）	（4）	（5）	（6）
ΔRoa_{t-1}	0.4332 (0.35)	0.4746 (0.01)	0.4346 (0.35)	0.4346 (0.35)	0.4746 (0.38)	0.5729 (0.42)
ΔRoa_t	1.0688 (1.58)	1.1651 (1.64)	1.1210* (1.77)	1.1210* (1.66)	1.1651* (1.64)	0.4050 (0.20)
D_FSI$_{t-1}$	0.2130* (1.78)					
FSI-Share Hold1$_{t-1}$		6.4918** (2.44)				
FSI-Share Hold2$_{t-1}$			0.4661* (1.67)			

续表

解释变量	城市商业银行 （City ComB = 1）					
	（1）	（2）	（3）	（4）	（5）	（6）
$D\_(FSI\_Dir)_{t-1}$				0.4661 * （1.81）		
$FSI\_director_{t-1}$					6.4918 ** （1.96）	
$D\_FSI\_CG_{t-1}$						0.0558 ** （2.04）
$Big\ Share_{t-1}$	− 0.0453 （− 0.68）	− 0.0576 （− 0.87）	− 0.0501 （− 0.78）	− 0.0501 （− 0.78）	− 0.0576 （− 0.87）	− 0.0530 （− 0.80）
$Ind\ Directors_{t-1}$	3.9525 * （1.78）	4.8774 * （1.92）	4.3618 * （1.81）	4.3611 ** （2.47）	4.8774 ** （1.99）	− 4.4599 （− 0.82）
$Board\ Size_{t-1}$	− 0.4517 * （− 1.83）	− 0.6009 * （− 1.69）	− 0.5963 * （− 1.79）	− 0.5963 * （− 1.78）	− 0.6008 * （− 1.74）	− 0.2571 （− 0.13）
$Dual_{t-1}$	− 0.2031 （− 0.84）	− 0.2471 （− 0.23）	− 0.1954 （− 0.18）	− 0.1955 （− 0.18）	− 0.2471 （− 0.23）	− 0.0021 （− 0.00）
$CEO\ Age_{t-1}$	2.2606 （0.39）	0.8781 （0.15）	1.4825 * （0.25）	1.4825 （0.25）	0.8781 （0.15）	2.8901 （0.51）
$Asset\ Growth_{t-1}$	− 0.0470 （− 0.72）	0.0930 （1.04）	− 0.0480 （− 0.23）	0.0480 （1.02）	0.0930 （0.64）	0.9497 （0.36）
ΔNPL_{t}	− 0.8294 ** （− 1.99）	− 0.7027 ** （− 1.69）	− 0.7827 ** （− 2.17）	− 0.7827 ** （− 2.19）	− 0.7027 ** （− 2.10）	− 1.6066 （− 1.47）
CAR_{t-1}	0.1072 （1.09）	− 0.1608 （− 1.12）	− 0.1604 （− 1.11）	0.0604 （1.11）	− 0.1608 （− 1.12）	− 0.1888 （− 1.24）
截距项	− 3.6376 （− 0.16）	2.2889 （0.10）	− 0.2030 * （− 1.00）	− 0.2030 （− 1.01）	2.2889 （0.10）	− 6.2907 （− 0.27）
年份虚拟变量	Yes	Yes	Yes	Yes	Yes	Yes
R^2	0.1895	0.1220	0.1198	0.1198	0.1220	0.0021
F 值	2.98 **	3.01 **	1.99 *	2.12 *	2.10 *	0.98
银行—年样本数	133	133	133	133	133	133

4.3.2　境外战略投资者的变化对银行高管薪酬绩效敏感度的影响

在上述两部分实证分析中，我们采用基准模型（4.1）和模型（4.2）分别测算了境外战略投资者是否持股、持股比例、与第一大股东持股之比、是否派驻董事、派驻董事占比以及是否提供公司治理经验对银行高管薪酬绩效敏感度的影响。以上实证分析从静态的角度研究了境外战略投资者的相关指标水平对高管薪酬的影响，在现实中，境外战略投资者的指标存在着动态变化，例如，中国银行的境外战略投资者总持股比例从 2005 年的 14.45% 减少至 2011 年的 0.3%，外资董事的人数也从 2005 年的 2 个减至 2011 年的 0；西安商业银行的境外战略投资者总持股比例从 2006 年的 7.71% 增至 2011 年的 18.1%，但外资董事人数并无变化，等等。因此，对于银行来讲，境外战略投资者的指标并不是维持在固定水平，我们有必要研究其动态变化对银行高管薪酬的影响，更全面地考察境外战略投资者参与公司治理的效应。詹森和墨菲（Jensen & Murphy，1990a）也曾指出，由于多重共线性在企业层面实证研究中的广泛存在，用薪酬和绩效的变动来研究薪酬绩效关系可以在一定程度上消除掉噪声，是一种较好的研究方法。为达到这一目的，我们构建了以下实证模型，即：

$$PPS_{i,2010} - PPS_{i,2007} = \alpha_0 + \beta_1(Z_{i,2010} - Z_{i,2007}) + \beta_2 \Delta Roa_{i,2010}$$
$$+ \beta_3 \Delta Roa_{i,2009} + \beta_4 \Delta Roa_{i,2008} + \varepsilon_{it}$$

我们选择 Z = FSI-Share Hold1、FSI-Share Hold2、FSI_director，回归结果如表 4.19 所示。第（1）列考察了 2007～2010 年银行境外战略投资者持股比例变化对高管薪酬敏感度的影响，回归系数为 41.48，显著为正，因此，当境外战略投资者持股比例的增量每提高 1% 时，银行高管薪酬绩效的敏感度的增量会平均提高 41.48%，说明当境外战略投资者的持股变化越大时，对银行高管薪酬绩效敏感度的影响越强。第（2）列考察了银行境外战略投资者与第一大股东持股比例变化对高管薪酬敏感度的影响，回归系数为 0.28，正向显著，因此，当境外战略投资者持股比例的增量每提高 1% 时，银行高管薪酬绩效的敏感度的增量会平均提高 0.28%，说明当境外战略投资者与大股东的制衡格局变化越大时，越有意愿促使银行制订更为有效的高管薪酬激励契约，缓解委托代理问题。第（3）列考察了银行境外战略投资者派驻董事比例变化对高管薪酬敏感度的影响，回归系数为 10.86，显著为正，因此，当境外战略投资者派驻董事比例的增量每提高 1% 时，银行高管薪酬绩效的敏感度的增量会平均提高 10.86%，说明当境外战略投资者董事在董事会中占比变化越大时，对银行高管薪酬绩效敏感度的影响越强。

表 4.19　　　　境外战略投资者的变化对高管薪酬敏感度影响的回归结果

解释变量	(1)	(2)	(3)
FSI-Share Hold1$_{2010}$-FSI-Share Hold1$_{2007}$	41.4810 ** (2.55)		
FSI-Share Hold2$_{2010}$-FSI-Share Hold2$_{2007}$		0.2754 ** (2.55)	
FSI_director$_{2010}$-FSI_director$_{2007}$			10.8631 *** (2.94)
ΔRoa$_{2010}$	1.1426 (0.66)	1.3722 (0.80)	0.7734 (0.46)
ΔRoa$_{2009}$	−7.1472 ** (−1.99)	−7.5217 * (−2.08)	−9.8120 ** (−2.66)
ΔRoa$_{2008}$	−1.8183 (−0.78)	−3.2007 (−1.31)	−2.9505 (−1.28)
截距项	−0.2265 (−0.27)	−0.5560 (−0.69)	−0.0485 (−0.06)
R^2	0.3907	0.3911	0.4410
F 值	2.73 *	2.73 *	3.35 **
银行—年样本数	22	22	22

注：①括号内为 t 值；② *** 表示 1% 水平上显著；** 表示 5% 水平上显著；* 表示 10% 水平上显著。

4.3.3　境外战略投资者影响高管薪酬水平的实证结果

在实证模型设计中，我们还参照哈泽尔和斯塔克斯（Hartzell & Starks，2003）的实证模型，提出了考察境外战略投资者对高管薪酬水平影响的基准模型（4.3）。在此我们进一步将模型（4.3）具体化，结合指标构建和对指标描述性统计分析的结果，构建以下回归方程，即：

$$\begin{aligned}
\text{LnCompensation}_{it} = & \alpha_0 + \beta_1 \Delta \text{Roa}_{it} + \beta_2 \Delta \text{Roa}_{i,t-1} + \beta_3 Z_{i,t-1} + \beta_4 \text{Big Share}_{i,t-1} \\
& + \beta_5 \text{Ind Directors}_{i,t-1} + \beta_6 \text{Board Size}_{i,t-1} + \beta_7 \text{Dual}_{i,t-1} \\
& + \beta_8 \text{CEO Age}_{i,t-1} + \beta_9 \text{Asset}_{i,t-1} + \beta_{10} \text{NPL}_{i,t-1} \\
& + \beta_{11} \text{CAR}_{i,t-1} + \sum \beta_y \text{ year dummy variables}_t + \varepsilon_{it}
\end{aligned}$$

首先考察境外战略投资者持股情况对高管薪酬水平的影响，选择 Z = D_FSI 以及 Z = FSI-Share Hold1，回归结果如表 4.20 所示。回归方法为混合最小二乘法，其中第（1）~第(4)列考察境外战略投资者参股银行是否会显著影响银行高管的薪酬水平。通过观测第（1）~第(4)列的结果可以看出 D_FSI_{t-1} 的系数显著为正，因此，说明有境外战略投资者参股的银行，其银行高管的整体薪酬水平越高；D_FSI_{t-1} 的系数约为 0.13，因此，当银行有境外战略投资者参股时，其高管薪酬会提高 0.13%。表 4.20 中第（5）~第(8)列是考察境外战略投资者持股比例对银行高管薪酬的影响。通过观测第（5）~第(8)列的结果可以看出 FSI-Share Hold1$_{t-1}$ 的系数显著为正，因此，说明境外战略投资者对银行的持股比例越高时，其银行高管的整体薪酬水平越高；FSI-Share Hold1$_{t-1}$ 的系数约为 0.01，因此，当境外战略投资者的持股比例每增加 1% 时，银行高管的薪酬水平大约就会上升 0.01%。结合前面分析，我们认为，境外战略投资者的引入提高了银行高管层薪酬水平，而且薪酬水平的提升主要是由于境外战略投资者提高了高管层的薪酬绩效敏感度，有效地激励了银行高管层，是境外战略投资者"用手投票"积极参与公司治理的结果，与卡洛驰等（Croci et al.，2012）和费尔南德斯等（Fernandes et al.，2012）结果相一致。

表 4.20　　　　境外战略投资者参股对高管薪酬水平影响的回归结果

解释变量	(1)	(2)	(3)	(4)	(5)	(6)	(7)	(8)
ΔRoa_{t-1}	0.0819	0.0859	0.0263	0.0487	0.1471	0.0765	0.0272	0.0482
	(0.60)	(0.69)	(0.23)	(0.45)	(1.02)	(0.61)	(0.24)	(0.44)
ΔRoa_t	0.0707	0.1995	0.0793 *	0.2380 *	0.1458	0.1873	0.0737	0.2317 *
	(0.42)	(1.29)	(1.65)	(1.71)	(0.82)	(1.20)	(1.52)	(1.68)
D_FSI_{t-1}	0.7811 ***	0.3790 ***	0.1425 **	0.1282 **				
	(8.08)	(3.73)	(2.15)	(2.17)				

续表

解释变量	(1)	(2)	(3)	(4)	(5)	(6)	(7)	(8)
FSI-Share Hold1$_{t-1}$					0.0341 ***	0.0157 ***	0.0121 **	0.0103 **
					(6.05)	(3.03)	(2.52)	(2.29)
Big Share$_{t-1}$		−0.0082		−0.0066 **		−0.0103		−0.0064 **
		(0.83)		(−2.28)		(−0.57)		(−2.24)
Ind Directors$_{t-1}$		3.1440 ***		1.9956 ***		3.3124 ***		1.9855 ***
		(6.51)		(4.21)		(6.88)		(4.22)
Board Size$_{t-1}$		−0.1451 *		−0.2520 *		−0.1960 *		−0.2670 *
		(−1.72)		(−1.69)		(−1.75)		(−1.67)
Dual$_{t-1}$		−0.0570		−0.1397 *		−0.0926		−0.1282 *
		(−0.66)		(−1.79)		(−1.08)		(−1.66)
CEO Age$_{t-1}$		2.9510 ***		1.6454 ***		3.0247 ***		1.6264 ***
		(7.67)		(4.23)		(7.92)		(4.20)
Asset$_{t-1}$			0.2700 ***	0.2714 ***			0.2710 ***	0.2727 ***
			(10.70)	(8.51)			(12.51)	(9.14)
CAR$_{t-1}$			−0.0297 **	−0.0373 ***			−0.0305 **	−0.0377 ***
			(−2.05)	(−2.70)			(−2.17)	(−2.79)
NPL$_{t-1}$			−0.0551 *	−0.0317 *			−0.0553 *	−0.0319 *
			(−1.76)	(−1.77)			(−1.83)	(−1.79)
截距项	5.5862 ***	4.3597 ***	3.0419 ***	3.3561 ***	5.775 ***	4.2094 ***	3.0038 ***	3.3536 ***
	(28.46)	(8.57)	(4.75)	(3.29)	(8.51)	(8.26)	(8.20)	(6.15)
年份虚拟变量	Yes	Yes	Yes	Yes	Yes	Yes	Yes	Yes
R^2	0.2420	0.5281	0.5522	0.6341	0.1631	0.5022	0.5502	0.6130
F 值	9.54 ***	19.63 ***	26.23 ***	24.16 ***	28.51 ***	19.18 ***	20.39 ***	19.41 **
银行—年样本数	248	242	246	240	248	242	246	240

注：①括号内为 t 值；② *** 表示1%水平上显著；** 表示5%水平上显著；* 表示10%水平上显著。

其次分析境外战略投资者与第一大股东制衡情况对高管薪酬水平的影响，选择 Z = FSI-Share Hold2，结果如表4.21所示，回归方法为混合最小二乘法。FSI-Share Hold2$_{t-1}$ 的系数显著为正，因此，说明当境外战略投资者对第一大股东制衡作用越强时，其银行高管层的整体薪酬水平越高；FSI-Share Hold2$_{t-1}$ 的系数约为 0.16，因此，当境外战略投资者与第一大股东持股之比每增加 1% 时，银行高管的薪酬水平会提高 0.16%。境外战略投资者入股可以相互制衡其他大股东，这样的股权结构就很容易形成相互监督的制约机制，股东参与公司治理的效率也会更高，有效激励了银行高管层。

表 4.21　　境外战略投资者与大股东制衡情况对高管薪酬水平影响的回归结果

解释变量	（1）	（2）	（3）	（4）
ΔRoa_{t-1}	0.1395 （0.94）	0.0915 （0.73）	0.0117 （0.10）	0.0561 （1.51）
ΔRoa_t	0.1326 （0.73）	0.2017 （1.29）	0.0935 * （1.66）	0.2412 * （1.74）
FSI-Share Hold2$_{t-1}$	0.5400 *** （4.81）	0.2836 *** （2.84）	0.2530 *** （2.88）	0.1621 ** （2.14）
Big Share$_{t-1}$		− 0.0124 （− 1.43）		− 0.0052 * （− 1.74）
Ind Directors$_{t-1}$		3.3429 *** （6.94）		1.9941 *** （4.22）
Board Size$_{t-1}$		− 0.1786 * （− 1.84）		− 0.2762 * （− 1.69）
Dual$_{t-1}$		− 0.1016 （− 0.55）		− 0.1232 （− 1.58）
CEO Age$_{t-1}$		3.0186 *** （7.82）		1.6058 *** （4.12）
Asset$_{t-1}$			0.2771 *** （13.42）	0.2754 *** （9.18）
CAR$_{t-1}$			− 0.0323 ** （− 2.30）	− 0.0375 *** （− 2.76）
NPL$_{t-1}$			− 0.0623 * （1.67）	− 0.0367 * （− 1.89）
截距项	5.8691 *** （28.43）	4.2166 *** （8.24）	2.9631 *** （8.23）	3.3533 *** （6.08）

续表

解释变量	（1）	（2）	（3）	（4）
年份虚拟变量	Yes	Yes	Yes	Yes
R^2	0.1202	0.5216	0.5641	0.6358
F 值	4.08 **	19.12 **	27.53 ***	24.33 ***
银行—年样本数	248	242	246	240

注：①括号内为 t 值；② *** 表示 1% 水平上显著；** 表示 5% 水平上显著；* 表示 10% 水平上显著。

再其次考察境外战略投资者派驻董事情况对高管薪酬水平的影响，选择 Z = D_（FSI_Dir）以及 Z = FSI_director，回归结果如表 4.22 所示。回归方法为混合最小二乘法，其中第（1）~第（4）列是考察境外战略投资者派驻外资董事是否会影响银行高管的薪酬水平。通过观测第（1）~第（4）列的结果可以看出 D_（FSI_Dir）$_{t-1}$ 的系数显著为正，表明境外战略投资者派驻外资董事的银行，其银行高管的整体薪酬水平相对越高；D_（FSI_Dir）$_{t-1}$ 的系数约为 0.28，因此，当银行有境外战略投资者派驻董事时，其高管薪酬水平会提高 0.28%。表 4.22 中第（5）~第（8）列是考察境外战略投资者派驻外资董事占比对银行高管薪酬的影响。通过观测第（5）~第（8）列的结果可以看出 FSI_director$_{t-1}$ 的系数显著为正，因此，说明境外战略投资者派驻董事在董事会中比例越高时，其银行高管的整体薪酬水平越高；FSI_director$_{t-1}$ 的系数约为 2.15，因此，当境外战略投资者派驻董事在董事会中比例每增加 1% 时，银行高管的薪酬水平大约就会上升 2.15%。境外战略投资者派驻外资股东董事进入银行董事会，是境外机构行使股东积极主义的表现，通过改变董事会的结构和治理效率来提高银行公司治理水平，有效激励了银行高管层。

表 4.22　　境外战略投资者派驻董事对高管薪酬水平影响的回归结果

解释变量	（1）	（2）	（3）	（4）	（5）	（6）	（7）	（8）
ΔRoa_{t-1}	0.0773 (0.57)	0.0968 (0.79)	0.0113 (0.10)	0.0599 (0.56)	0.1494 (1.07)	0.0823 (0.68)	0.0380 (0.35)	0.0415 (0.39)
ΔRoa_t	0.0451 (0.27)	0.2162 (1.42)	0.1015 * (0.72)	0.2498 * (1.83)	0.1625 (0.95)	0.1768 (1.18)	0.0506 (0.47)	0.2094 * (1.78)
D_（FSI_Dir）$_{t-1}$	0.8329 *** (8.61)	0.4732 *** (4.86)	0.3343 *** (3.65)	0.2791 *** (3.18)				

续表

解释变量	(1)	(2)	(3)	(4)	(5)	(6)	(7)	(8)
$FSI\_director_{t-1}$					4.7077 *** (7.29)	3.0785 *** (5.35)	2.5329 *** (4.72)	2.1481 *** (4.14)
$Big\ Share_{t-1}$		-0.0088 (1.22)		-0.0061 ** (-2.16)		-0.0105 (-0.37)		-0.0048 * (-1.71)
$Ind\ Directors_{t-1}$		3.0696 *** (6.51)		1.9435 *** (4.18)		3.2017 *** (6.94)		1.9721 *** (4.32)
$Board\ Size_{t-1}$		-0.0793 * (-1.82)		-0.3023 * (-1.79)		-0.1338 * (-1.77)		-0.2726 * (-1.67)
$Dual_{t-1}$		-0.0907 (-1.08)		-0.1164 (-1.52)		-0.1159 (-1.47)		-0.0954 (-1.26)
$CEO\ Age_{t-1}$		2.8710 *** (7.60)		1.6001 *** (4.18)		2.7452 *** (7.07)		1.4001 *** (3.61)
$Asset_{t-1}$			0.2512 *** (11.10)	0.2575 *** (8.50)			0.2637 *** (13.01)	0.2583 *** (8.87)
CAR_{t-1}			-0.0332 ** (-2.40)	-0.0392 *** (-2.92)			-0.0270 ** (-2.03)	-0.0348 *** (-2.68)
NPL_{t-1}			-0.0650 * (-1.78)	-0.0405 * (-1.70)			-0.0979 ** (-2.30)	-0.0705 * (-1.73)
截距项	5.4962 *** (28.01)	4.4305 *** (8.88)	3.1854 *** (8.68)	3.5818 *** (6.53)	5.7191 *** (29.14)	4.2781 *** (8.73)	3.1039 *** (8.86)	3.5211 *** (6.65)
年份虚拟变量	Yes	Yes	Yes	Yes	Yes	Yes	Yes	Yes
R^2	0.2636	0.4357	0.5649	0.6222	0.2104	0.4463	0.5826	0.6346
F 值	10.69 ***	15.12 ***	21.64 ***	20.17 ***	7.96 ***	15.78 ***	23.26 ***	21.28 ***
银行—年样本数	248	242	246	240	248	242	246	240

注：①括号内为 t 值；② *** 表示 1% 水平上显著；** 表示 5% 水平上显著；* 表示 10% 水平上显著。

最后分析境外战略投资者提供公司治理经验对高管薪酬水平的影响，选择 Z = D_FSI_CG，结果如表 4.23 所示，回归方法为混合最小二乘法。D_FSI_CG$_{t-1}$ 的系数显著为正，系数估计值约为 0.03，说明境外战略投资者确实向合作银行输入了治理技术和经验，提高了我国银行高管薪酬水平。这一结果与本书前面的理论分析和提出的假设相一致。

表 4.23   境外战略投资者公司治理经验影响银行高管薪酬水平的回归结果

解释变量	(1)	(2)	(3)	(4)
ΔRoa_{t-1}	-0.0738	0.0525	-0.0177	0.0614
	(-0.53)	(0.46)	(-0.16)	(0.61)
ΔRoa_t	-0.0582	0.1612	0.0130	0.1827
	(-0.34)	(1.13)	(0.10)	(1.43)
$D\_FSI\_CG_{t-1}$	0.7706***	0.2036**	0.0437**	0.0258***
	(7.52)	(1.99)	(2.44)	(5.27)
$Big\ Share_{t-1}$		0.0051*		-0.0048*
		(1.86)		(-1.73)
$Ind\ Directors_{t-1}$		2.4585***		1.8890***
		(5.29)		(4.43)
$Board\ Size_{t-1}$		0.2105		-0.1919
		(1.16)		(-1.10)
$Dual_{t-1}$		-0.1090		-0.1428*
		(-1.32)		(-1.93)
$CEO\ Age_{t-1}$		3.0484***		1.6587***
		(7.97)		(4.25)
$Asset\ Growth_{t-1}$			0.2976***	0.2261***
			(12.30)	(6.86)
ΔNPL_t			-0.0716*	-0.0339
			(-1.76)	(-0.89)
CAR_{t-1}			-0.0253**	-0.0304***
			(-2.18)	(-2.82)
截距项	5.6815***	-7.3850***	2.7858***	-2.7777*
	(28.95)	(-4.89)	(7.72)	(-1.90)
年份虚拟变量	Yes	Yes	Yes	Yes
R^2	0.1933	0.4962	0.5273	0.6061
F 值	8.41***	19.24***	25.78***	23.96***
银行—年样本数	248	242	246	240

注：①括号内为 t 值；② *** 表示 1% 水平上显著；** 表示 5% 水平上显著；* 表示 10% 水平上显著。

　　对银行进行分类，考察境外战略投资者对全国股份制商业银行高管薪酬水平的影响，回归结果如表 4.24 所示，考察境外战略投资者对城市商业银行高管薪酬水平的影响，回归结果如表 4.25 所示，回归方法为混合最小二乘法。全国股份制商业银行 D_FSI_{t-1} 的系数约为 0.09，正向微弱显著，城市商业银行 D_FSI_{t-1} 的系数约为 0.48，在 1% 的置信水平下显著为正，因此，引入境外战略投资者对城市商业银行的高管薪酬水平影响更大；全国股份制商业银行 FSI-Share Hold1$_{t-1}$ 的系数约为 0.0055，正向微弱显著，城市商业银行 FSI-Share Hold1$_{t-1}$ 的系数约为 0.0259，在 1% 的置信水平下显著为正，因此，境外战略投资者持股比例对城市商业银行的高管薪酬水平的影响更大。全国股份制商业银行 FSI-Share Hold2$_{t-1}$ 的系数约为 0.29，正向微弱显著，城市商业银行 FSI-Share Hold2$_{t-1}$ 的系数约为 0.50，且在 1% 的置信水平下显著为正，因此，境外战略投资者与第一大股东制衡的情况对城市商业银行高管薪酬水平的影响更大。通过对比这三个变量的回归结果可以得出结论，境外战略投资者参股对两类银行高管层薪酬水平都会产生显著的正向影响，但对城市商业银行高管层薪酬水平的影响更大。全国股份制商业银行 $D\_(FSI\_Dir)_{t-1}$ 的系数约为 0.10，正向微弱显著，城市商业银行 $D\_(FSI\_Dir)_{t-1}$ 的系数约为 0.48，且在 1% 的置信水平下显著为正，因此，境外战略投资者派驻董事对城市商业银行的高管薪酬水平影响更大；全国股份制商业银行 $FSI\_director_{t-1}$ 的系数约为 1.58，正向微弱显著，城市商业银行 $FSI\_director_{t-1}$ 的系数约为 2.94，且在 1% 的置信水平下显著为正，因此，境外战略投资者派驻董事在董事会中的比例越高，对两类银行高管的薪酬水平都会产生显著正向影响，但对城商行高管薪酬水平的影响更大。全国股份制商业银行 $D\_FSI\_CG_{t-1}$ 的系数约为 0.13，正向微弱显著，城市商业银行 $D\_FSI\_CG_{t-1}$ 的系数约为 0.06，在 1% 的置信水平下显著为正，因此，境外战略投资者提供公司治理经验越高，对两类银行高管的薪酬水平都会产生显著正向影响，但对全国股份制商业银行高管薪酬水平的影响更大。通过上述对境外战略投资者解释变量的对比分析可以看出，当境外战略投资者持股比例增加、对第一大股东制衡强度增加、派驻董事占比提高以及提供公司治理经验越高时，都会显著提升两类银行高管薪酬水平，但总体来讲，境外战略投资者对城市商业银行薪酬水平的提升作用更明显，我们认为，产生这一现象的原因是当引入境外战略投资者之后，银行更加市场化和国际化，高管薪酬水平也会进一步与国际水平接轨，而城市商业银行的高管薪酬水平显著低于全国股份制商业银行（对两类银行高管薪酬水平进行均值差检验，结果发现，城商行的高管薪酬显著低于全国股份制银行），因此，引入境外战略投资者之后，城市商业银行高管薪酬水平的涨幅更大。

表 4.24   境外战略投资者对全国股份制商业银行高管薪酬水平影响的回归结果

解释变量	全国股份制商业银行 (Shared ComB = 1)					
	（1）	（2）	（3）	（4）	（5）	（6）
ΔRoa_{t-1}	0.0596 (0.19)	0.0530 (0.17)	0.0215 (0.07)	0.0473 (0.15)	0.0602 (0.20)	0.1806 (0.68)
ΔRoa_{t}	0.5629 (1.36)	0.5608 (1.36)	0.5416 (1.33)	0.5495 (1.33)	0.4727 (1.16)	0.4027 (1.15)
D_FSI_{t-1}	0.0942* (1.88)					
$\text{FSI-Share Hold1}_{t-1}$		0.0055* (1.67)				
D_(FSI_Dir)_{t-1}			0.2910* (1.67)			
$\text{FSI\_director}_{t-1}$				0.0996* (1.73)		
$\text{FSI-Share Hold2}_{t-1}$					1.5764* (1.78)	
D_FSI_CG_{t-1}						0.1329* (1.91)
Big Share_{t-1}	-0.0020 (-0.42)	-0.0018 (-0.38)	-0.0001 (-0.02)	-0.0013 (-0.29)	-0.0026 (-0.57)	0.0056 (1.35)
$\text{Ind Directors}_{t-1}$	2.9288** (2.31)	2.8516** (2.25)	3.0278** (2.43)	2.8655** (2.26)	3.0258** (2.43)	2.2209* (1.92)
Board Size_{t-1}	0.2939 (0.34)	0.3241 (0.37)	0.3450 (0.40)	0.1423 (0.16)	0.2999 (0.35)	0.5470 (0.73)
Dual_{t-1}	-0.2557 (-1.53)	-0.2821* (-1.70)	-0.3132* (-1.90)	-0.2704* (-1.64)	-0.2544 (-1.57)	-0.3649** (-2.48)

续表

解释变量	全国股份制商业银行 （Shared ComB = 1）					
	（1）	（2）	（3）	（4）	（5）	（6）
CEO Age$_{t-1}$	4.5213 ***	4.4357 ***	4.3455 ***	4.4367 ***	4.2991 ***	4.5008 ***
	(5.58)	(5.45)	(5.39)	(5.44)	(5.16)	(5.55)
Asset$_{t-1}$	0.1547 *	0.1446 *	0.1207	0.1634 *	0.1867 **	0.0595
	(1.81)	(1.66)	(−1.26)	(1.89)	(2.17)	(0.80)
CAR$_{t-1}$	−0.0513	−0.0474	−0.0386	−0.0580	−0.0617	0.0635
	(−1.07)	(−0.97)	(−0.81)	(−1.22)	(−1.32)	(0.92)
NPL$_{t-1}$	−0.0490	−0.0585	−0.0927	−0.0352	−0.0039	−0.0211
	(−0.60)	(−0.69)	(1.09)	(−0.43)	(−0.05)	(−0.52)
截距项	3.0049	3.0164	3.1931	3.2933	2.5421	−14.4774 ***
	(1.28)	(1.28)	(1.38)	(1.39)	(1.09)	(−3.85)
年份虚拟变量	Yes	Yes	Yes	Yes	Yes	Yes
R^2	0.4781	0.4792	0.4019	0.4787	0.4052	0.4961
F 值	4.85 ***	4.86 ***	4.08 ***	4.85 ***	4.11 ***	4.36 ***
银行—年样本数	88	88	88	88	88	88

注：①括号内为 t 值；② *** 表示 1% 水平上显著；** 表示 5% 水平上显著；* 表示 10% 水平上显著。

表 4.25　境外战略投资者对城市商业银行高管薪酬水平影响的回归结果

解释变量	城市商业银行 （City ComB = 1）					
	（1）	（2）	（3）	（4）	（5）	（6）
ΔRoa$_{t-1}$	0.0361	0.0399	0.0527	0.0361	0.0207	0.0205
	(0.42)	(0.46)	(0.61)	(0.42)	(0.24)	(0.22)
ΔRoa$_t$	0.0834	0.0844	0.1032	0.0834	0.0717	0.0944
	(0.77)	(0.78)	(0.96)	(0.77)	(0.65)	(0.80)
D_FSI$_{t-1}$	0.4790 ***					
	(4.01)					
FSI-Share Hold1$_{t-1}$		0.0259 ***				
		(4.03)				
D_(FSI_Dir)$_{t-1}$			0.4971 ***			
			(4.28)			

续表

解释变量	城市商业银行 (City ComB = 1)					
	(1)	(2)	(3)	(4)	(5)	(6)
FSI_director$_{t-1}$				0.4790 *** (4.01)		
FSI-Share Hold2$_{t-1}$					2.9369 *** (3.51)	
D_FSI_CG$_{t-1}$						0.0578 *** (3.48)
Big Share$_{t-1}$	-0.0166 *** (-0.68)	-0.0184 *** (-4.03)	-0.0152 *** (-3.62)	-0.0166 *** (-3.79)	-0.0154 *** (-3.52)	-0.0106 ** (-2.26)
Ind Directors$_{t-1}$	0.9483 ** (2.58)	0.9430 *** (2.67)	1.0175 *** (2.82)	0.9483 *** (2.68)	0.9268 ** (2.47)	1.1218 *** (2.82)
Board Size$_{t-1}$	-0.3052 ** (-2.16)	-0.2874 ** (-2.03)	-0.3148 ** (-2.25)	-0.3052 ** (-2.16)	-0.2879 ** (-2.01)	-0.2822 * (-1.79)
Dual$_{t-1}$	-0.0589 (-0.84)	-0.0373 (-0.53)	-0.0471 (-0.68)	-0.0589 (-0.84)	-0.0650 (-0.91)	-0.0119 (-0.15)
CEO Age$_{t-1}$	0.5824 * (1.64)	0.4680 (1.27)	0.3470 (094)	0.6034 * (1.65)	0.3695 (0.99)	0.5129 (1.29)
Asset$_{t-1}$	0.1963 *** (3.39)	0.2040 *** (3.61)	0.1872 *** (3.26)	0.1963 *** (3.39)	0.2413 *** (4.50)	0.3255 *** (6.05)
CAR$_{t-1}$	-0.0185 * (-1.93)	-0.0181 ** (-1.90)	-0.0220 ** (-2.26)	-0.0185 ** (-1.97)	-0.0170 * (-1.76)	-0.1911 *** (-3.66)
NPL$_{t-1}$	-0.1998 *** (-4.18)	-0.1621 *** (-3.41)	-0.1739 *** (-3.69)	-0.1998 *** (-4.18)	-0.2010 *** (-4.15)	-0.0147 (-1.40)
截距项	4.5994 *** (7.39)	4.3559 *** (7.45)	4.6228 *** (7.61)	4.5994 *** (7.39)	4.1181 *** (7.11)	1.2742 (0.85)
年份虚拟变量	Yes	Yes	Yes	Yes	Yes	Yes
R^2	0.6302	0.6305	0.6355	0.6302	0.6212	0.5982
F 值	16.13 ***	16.16 ***	16.50 ***	16.13 ***	15.53 ***	12.54 ***
银行一年样本数	152	152	152	152	152	152

注：①括号内为 t 值；② *** 表示 1% 水平上显著；** 表示 5% 水平上显著；* 表示 10% 水平上显著。

4.4 内 生 性 问 题 分 析

在实证分析部分我们针对境外战略投资者特征变量，对银行高管薪酬的影响进行了一系列检验，我们设计模型的思路是将银行高管薪酬的相关指标作为被解释变量，观测境外战略投资者的回归系数。但实证模型可能存在较为严重的内生性问题，例如境外战略投资者在甄选投资合作对象时，有可能倾向于那些公司治理结构比较完善、信息披露质量较高的银行，即"顾客效应"，这一方面可以减少信息不对称降低代理成本；另一方面也不会导致其做出大的决策失误，被投资银行的盈利能力更高，可以为境外战略投资者带来更可观的收益。

马克西和腾（Maxey & Ten，1998）对机构投资者的高管层（主要是共同基金的经理）的调查研究发现，高管薪酬是他们进行投资企业股权决策的主要影响因素。布希（Bushee，2004）研究发现，不同类型的机构投资者偏好不同的企业高管层的薪酬结构，那么企业也会根据其偏好战略性地构建高管层的薪酬结构来迎合不同类型的机构投资者。勒兹等（Leuz et al.，2009）、加纳和金（Garner & Kim，2011）研究发现，境外机构投资者在选择目标公司时，其更偏好于那些公司治理水平比较高的公司。

李凤云（2008）着重考察了2006年40家上市公司在高管薪酬激励机制中引入股权激励的机构投资者持股比例的变化，调查发现，在上市公司宣布其具体的薪酬股权激励方案之后，机构投资者的持股比例有了明显的上升趋势。谭松涛和傅勇（2009）利用双重差分的方法（difference-in-difference）考察股权分置改革后的上市公司引入股权激励方案对机构投资者投资决策的影响，发现虽然在股改之后，大量机构投资者对上市公司的持股比例都增加了，但对于那些宣布实施具体的薪酬股权激励方案的上市公司，机构投资者增持股份的幅度更大，他们据此认为，机构投资者更倾向于持有那些公司治理水平较高的公司，"用脚投票"来影响公司的治理结构。

鉴于境外战略投资者在选择合作对象时存在主观性，那么，公司治理水平较高的被投资银行，其内部监督控制机制也比较完善，薪酬绩效的敏感度可能较高。因此，我们前面实证得到的结论有可能是存在偏误的，一方面，境外战略投资者特征指标与薪酬指标的正相关性是由其他因素共同作用引起的；另一方面，高管薪酬的透明度和薪酬激励的有效性也是影响境外战略投资者合作意向的重要因素。针对有可能存在的内生性问题，本书采取了两种处理方法：第一种方法是参照哈泽尔和斯塔克斯（Hartzell & Starks，2003）的设计，将境外战略投资者的特征指标作为被解释变量，实证分析银行特征对其影响是否显著；第二种方法是采用汉克曼（Heckman）自选择模型，检验银行特征变量是否会影响境外战略投资者的选择。

第一种考察内生性方法的回归模型如下：

$$Z_{it} = \alpha_0 + \beta_1 PPS_{i,t-1} + \beta_2 Big\ Share_{i,t-1} + \beta_3 Ind\ Directors_{i,t-1}$$
$$+ \beta_4 Board\ Size_{i,t-1} + \beta_5 Dual_{i,t-1} + \beta_6 CEO\ Age_{i,t-1} + \beta_7 Asset_{i,t-1}$$
$$+ \beta_8 NPL_{i,t-1} + \beta_9 CAR_{i,t-1} + \sum \beta_y year\ dummy\ variables_t + \varepsilon_{it}$$

我们选择 $Z = D\_FSI$、FSI-Share Hold1、FSI-Share Hold2、$D\_(FSI\_Dir)$、FSI_director，考察银行高管层薪酬绩效敏感度是否能够解释境外战略投资者入股，回归方法为最小二乘法，结果如表 4.26 所示。我们发现，PPS_{t-1} 对境外战略投资者持股比例情况、对银行第一大股东制衡以及派驻外资董事比例情况的回归系数都不显著，表明高管层薪酬绩效敏感度较高不是境外战略投资者入股银行主要因素，境外战略投资者在选择投资银行时，没有偏好那些高管层薪酬绩效敏感度更高的银行。

表 4.26　　　　　　　　境外战略投资者影响因素的实证分析

解释变量	D_FSI_t	FSI-Share Hold1$_t$	FSI-Share Hold2$_t$	$D\_(FSI\_Dir)_t$	FSI_director$_t$
	（1）	（2）	（3）	（4）	（5）
PPS_{t-1}	0.1145 （0.84）	0.1043 （0.72）	0.0010 （0.77）	0.0021 （0.41）	0.0025 （0.34）
$Big\ Share_{t-1}$	0.0062 （0.56）	0.0074 （0.15）	-0.0005 （-1.24）	-0.0061** （-2.37）	-0.0066** （-2.54）
$Ind\ Directors_{t-1}$	9.0983 （1.56）	9.8254 （1.28）	0.0317 （0.50）	0.6632 （1.56）	0.6439 （1.63）
$Board\ Size_{t-1}$	2.6245 （1.37）	2.6870 （0.77）	0.0387 （1.36）	0.2043 （1.28）	0.1916 （1.07）
$Dual_{t-1}$	-1.8243 （-1.04）	-1.9175 （-1.44）	-0.0273** （-2.51）	-0.1422* （-1.87）	-0.1313* （-1.92）

续表

解释变量	D_FSI$_t$	FSI-Share Hold1$_t$	FSI-Share Hold2$_t$	D_(FSI_Dir)$_t$	FSI_director$_t$
	(1)	(2)	(3)	(4)	(5)
CEO Age$_{t-1}$	12.3452	10.0561	0.2456 ***	0.7742 *	0.7304 *
	(1.61)	(1.29)	(3.84)	(1.76)	(1.82)
Asset$_{t-1}$	0.8934	0.9164	0.0021	0.0412	0.0339
	(1.37)	(1.51)	(0.43)	(1.15)	(1.09)
NPL$_{t-1}$	0.6321	0.6582	0.0134 *	0.0832 *	0.0912 *
	(0.78)	(0.66)	(1.64)	(1.85)	(1.77)
CAR$_{t-1}$	0.3029	0.2750	−0.0006	0.0167	0.0178
	(1.43)	(1.16)	(−0.30)	(1.53)	(1.46)
截距项	−58.2353 *	−57.4302 *	−1.0322 ***	−3.8932 **	−3.7887 **
	(−1.83)	(−1.92)	(−4.21)	(−2.61)	(−2.46)
年份虚拟变量	Yes	Yes	Yes	Yes	Yes
R^2	0.1623	0.1829	0.2324	0.1827	0.1971
F 值	2.78 ***	2.81 ***	3.80 ***	2.99 ***	3.08 ***
银行—年样本数	177	177	177	177	177

注：①括号内为 t 值；② *** 表示 1% 水平上显著；** 表示 5% 水平上显著；* 表示 10% 水平上显著。

第二种解决内生性问题的方法如下。

上述方法可以验证境外战略投资者进入银行后，其对银行参与程度的选择是否会受到银行特征的影响。而银行是否选择投资一家银行也有可能会受到银行特征的影响，为了控制样本选择性偏误，我们采用了汉克曼（Heckman）两阶段回归模型，来检验银行特征对境外战略投资者是否进入银行，以及进入之后对参与程度的决定具有显著影响。汉克曼（Heckman）第一阶段的回归模型如下：

$$D_{it} = \alpha_0 + \beta_1 \text{Big Share}_{i,t-1} + \beta_2 \text{Ind Directors}_{i,t-1} + \beta_3 \text{Board Size}_{i,t-1} + \beta_4 \text{Dual}_{i,t-1}$$
$$+ \beta_5 \text{CEO Age}_{i,t-1} + \beta_6 \text{Asset}_{i,t-1} + \beta_7 \text{NPL}_{i,t-1} + \beta_8 \text{CAR}_{i,t-1} + \varepsilon_{it}$$

在选择模型中，我们设置 D = D_FSI，即反映境外战略投资者是否持股银行，如果有则为 1，否则为 0。解释变量我们选取了一系列公司治理和银行财务指标，考察银行的特征对境外战略投资者是否投资银行的影响。

汉克曼（Heckman）第二阶段的回归模型如下：

$$Z_{it} = \alpha_0 + \beta_1 PPS_{i,t-1} + \beta_2 Big\ Share_{i,t-1} + \beta_3 Ind\ Directors_{i,t-1}$$
$$+ \beta_4 Board\ Size_{i,t-1} + \beta_5 Dual_{i,t-1} + \beta_6 CEO\ Age_{i,t-1} + \beta_7 Asset_{i,t-1}$$
$$+ \beta_8 NPL_{i,t-1} + \beta_9 CAR_{i,t-1} + \sum \beta_y year\ dummy\ variables_t + \varepsilon_{it}$$

我们设置 Z = FSI-Share Hold1、FSI-Share Hold2、FSI_director，重点考察银行的薪酬绩效敏感度对境外战略投资者的合作意向的影响，此外我们还控制了公司治理水平和财务状况的相关变量，回归结果如表 4.27 所示。第（1）列是对第一阶段选择模型的回归结果，独立董事占比（Ind Directors）和董事会规模（Board Size）的系数基本在 10% 的置信水平下显著为正，因此，境外战略投资者更倾向于选择独立董事占比高、董事会规模大的银行进行合作；财务变量 Asset、CAR 的系数基本在 5% 的置信水平下显著为正，因此，规模越大、资本充足率越高的银行，越能吸引境外战略投资者对其投资。通过对选择模型的分析可以看出，境外战略投资者在选择合作银行时确实存在一定的标准，这与前面的分析一致，因此，我们采用汉克曼（Heckman）两阶段模型来解决自选择问题是非常必要的。

表 4.27 中第（2）~第（4）列是对汉克曼第二阶段模型的回归结果，观测逆米尔斯比率，可以发现，境外战略投资者特征变量所对应的逆米尔斯比率均不显著，这意味着虽然境外战略投资者存在一定的遴选标准，但自选择问题的影响并不显著，内生性问题并没有严重影响本书前面的实证分析结论。再观察第（2）~第（4）列中 PPS 的系数，发现均不显著，与表 4.26 中的结果相似，因此，银行的薪酬绩效敏感度并没有显著影响境外战略投资者的合作意向。根据汉克曼两阶段模型的回归结果可以看出，在控制了自选择问题之后，我们仍然发现，银行的薪酬绩效敏感度并不能显著影响境外战略投资者的特征变量，表明高管层薪酬绩效敏感度较高不是境外战略投资者入股银行主要因素，境外战略投资者在选择投资银行时，没有偏好那些高管层薪酬绩效敏感度更高的银行。

表 4. 27 　　　　　　　　　　**汉克曼（Heckman）模型实证回归结果**

解释变量	选择模型	Heckman 第二阶段模型		
	D_FSI_t	FSI-Share Hold1$_t$	FSI-Share Hold2$_t$	FSI_director$_t$
	（1）	（2）	（3）	（4）
PPS_{t-1}		0. 2105	0. 0026	0. 0024
		（1. 49）	（0. 43）	（1. 11）
Big Share$_{t-1}$	0. 0155 *	− 0. 0252	− 0. 0135 ***	− 0. 0016
	（1. 80）	（− 0. 37）	（− 4. 94）	（− 1. 46）
Ind Directors$_{t-1}$	2. 2931 *	− 11. 5153	0. 2713	− 0. 2882
	（1. 85）	（− 0. 71）	（0. 41）	（− 1. 13）
Board Size$_{t-1}$	1. 4490 **	− 6. 2719	0. 0763	− 0. 1615
	（2. 00）	（− 0. 67）	（0. 20）	（− 1. 10）
Dual$_{t-1}$	0. 1176	− 2. 4851	− 0. 1445 **	− 0. 0547 **
	（0. 56）	（− 1. 53）	（− 2. 13）	（− 2. 16）
CEO Age$_{t-1}$	0. 7067	− 3. 2771	0. 1109	0. 2923 **
	（0. 64）	（− 0. 36）	（0. 29）	（2. 01）
Asset$_{t-1}$	0. 3554 ***	− 3. 1351	− 0. 1227	− 0. 0366
	（3. 71）	（− 1. 58）	（− 1. 43）	（− 1. 17）
NPL$_{t-1}$	− 0. 0283	0. 3786	0. 0841 **	0. 0142
	（− 0. 46）	（0. 43）	（2. 10）	（1. 12）
CAR$_{t-1}$	0. 0722 **	− 0. 5236	− 0. 0061	− 0. 0100
	（2. 43）	（− 1. 27）	（− 0. 36）	（− 1. 53）
截距项	− 13. 3367 ***	104. 0287	2. 2113	0. 2406
	（− 3. 12）	（1. 22）	（0. 64）	（0. 18）
年份虚拟变量	No	Yes	Yes	Yes
逆米尔斯比率		− 6. 1416	− 0. 1587	− 0. 1136
		（− 0. 68）	（− 0. 42）	（− 0. 79）
样本数		284	284	284
损失样本数		201	201	201
未损失样本数		83	83	83

　　注：①括号内为 z 值；② *** 表示 1% 水平上显著；** 表示 5% 水平上显著；* 表示 10% 水平上显著。

4.5 稳健性检验

4.5.1 对模型回归方法的稳健性检验

本书之前在分析境外战略投资者对银行薪酬影响时，实证分析基本都采用的最小二乘法。为了检验回归方法是否会对实证结论产生显著影响，本书接下来将采用不同的方法进行稳健性检验。由于本书的研究样本是面板数据，我们使用面板固定效应和面板随机效应分别进行了稳健性检验，结果基本相似；我们采用豪斯曼检验后发现固定效应模型效果更好。为了节省篇幅，在此仅报告对基准模型采用面板固定效应回归的结果。

表 4.28 是对基准模型（4.1）进行面板固定效应回归的结果，可以发现与表 4.7～表 4.10 采用最小二乘法回归得到的结果基本一致。境外战略投资者特征变量所对应的系数显著为正，因此，境外战略投资者对银行参与程度的提高，确实会显著促进银行高管薪酬敏感度的提升。

表 4.28　　　对基准模型（4.1）采用面板固定效应的回归结果

解释变量	(1)	(2)	(3)	(4)	(5)	(6)
ΔRoa_{t-1}	0.4089 (0.81)	0.4734 (0.93)	0.4916 (0.96)	0.3392 (0.68)	0.3525 (0.70)	-0.3799 (-0.76)
$D\_FSI_{t-1} \times \Delta Roa_t$	2.2301** (2.18)					
$FSI\text{-}Share\ Hold1_{t-1} \times \Delta Roa_t$		0.0941* (1.68)				
$FSI\text{-}Share\ Hold2_{t-1} \times \Delta Roa_t$			1.5688** (2.34)			
$D\_(FSI\_Dir)_{t-1} \times \Delta Roa_t$				2.8404*** (2.78)		
$FSI\_director_{t-1} \times \Delta Roa_t$					14.1178*** (2.63)	

续表

解释变量	（1）	（2）	（3）	（4）	（5）	（6）
$D\_FSI\_CG_{t-1} \times \Delta Roa_t$						3.7760 ***
						(2.72)
Big Share$_{t-1}$	-0.0048	-0.0055	-0.0055	-0.0002	-0.0027	0.0042
	(-0.14)	(-0.15)	(-0.15)	(-0.83)	(-0.08)	(0.12)
Ind Directors$_{t-1}$	6.4196 **	6.3736 **	6.3487 **	6.3682 **	6.0660 *	6.6232 **
	(1.97)	(1.98)	(2.03)	(1.97)	(1.87)	(2.05)
Board Size$_{t-1}$	-0.1849	-0.1348	-0.0655	-0.3474	-0.0234	-0.1601
	(-1.11)	(-0.08)	(-0.04)	(-0.20)	(-0.01)	(-0.09)
Dual$_{t-1}$	-0.6206	-0.6476	-0.6623	-0.6243	-0.5410	0.5126
	(-0.83)	(-0.86)	(-0.88)	(-0.84)	(-0.72)	(0.69)
CEO Age$_{t-1}$	5.9541 *	6.0844 *	5.8712 *	5.9282 *	5.9341 *	5.3314
	(1.68)	(1.70)	(1.64)	(1.68)	(1.68)	(1.51)
Asset Growth$_{t-1}$	1.2199	1.1385	1.1110	1.2637	1.2581	1.3327
	(1.05)	(0.97)	(0.94)	(1.10)	(1.09)	(1.15)
ΔNPL_t	-0.5663 **	-0.5808 *	-0.5611 **	-0.5371 *	-0.4260 *	0.3435
	(-2.05)	(-1.88)	(-1.99)	(-1.93)	(-1.66)	(1.18)
CAR$_{t-1}$	-0.0005	-0.0109	0.0091	-0.0075	0.0093	-0.0007
	(-0.01)	(-0.17)	(0.14)	(-0.14)	(0.14)	(-0.01)
截距项	-22.7942	-23.5008 *	-22.7960	-22.1457	-23.2603 *	-20.6108
	(-1.61)	(-1.64)	(-1.59)	(-1.57)	(-1.65)	(-1.46)
年份虚拟变量	Yes	Yes	Yes	Yes	Yes	Yes
R^2	0.1334	0.1262	0.1257	0.1509	0.1436	0.2812
F 值	3.95 **	3.75 ***	3.68 ***	4.21 ***	4.14 ***	4.18
银行—年样本数	223	223	223	223	223	223

注：①括号内为 t 值；② *** 表示 1% 水平上显著； ** 表示 5% 水平上显著； * 表示 10% 水平上显著。

表 4.29 是对基准模型（4.3）进行面板固定效应回归的结果，可以发现与表 4.20 ~ 表 4.23 采用最小二乘法回归得到的结果基本一致。境外战略投资者特征变量所对应的系数显著为正，因此，境外战略投资者对银行参与程度的提高，确实会显著提高银行高管的整体薪酬水平。

表 4.29   **对基准模型（4.3）采用面板固定效应的回归结果**

解释变量	（1）	（2）	（3）	（4）	（5）	（6）
ΔRoa_{t-1}	0.0931 * (1.64)	0.0815 (1.45)	0.0948 * (1.67)	0.0957 * (0.70)	0.0981 * (1.77)	0.0929 (1.64)
ΔRoa_t	0.1896 ** (2.50)	0.1673 ** (2.23)	0.1880 *** (2.69)	0.1961 *** (2.62)	0.1856 *** (2.72)	0.1858 ** (2.46)
D_FSI_{t-1}	0.2289 * (1.85)					
$\text{FSI-Share Hold1}_{t-1}$		0.0211 *** (2.76)				
$\text{FSI-Share Hold2}_{t-1}$			0.3128 ** (1.99)			
D_(FSI_Dir)_{t-1}				0.3340 *** (2.74)		
$\text{FSI\_director}_{t-1}$					2.7344 *** (3.47)	
D_FSI_CG_{t-1}						0.3554 ** (2.07)
Big Share_{t-1}	−0.0051 (−1.14)	−0.0062 (−1.42)	−0.0045 (−1.02)	−0.0037 (−0.85)	−0.0039 (−0.90)	−0.0046 (−1.04)
$\text{Ind Directors}_{t-1}$	0.8820 ** (2.23)	0.9053 ** (2.33)	0.9156 ** (2.33)	0.9483 ** (2.43)	0.7950 ** (2.06)	0.9095 ** (2.31)
Board Size_{t-1}	0.2357 (1.15)	0.2619 (1.37)	0.2413 (1.19)	0.1596 (0.79)	0.3273 * (1.65)	0.2507 (1.23)
Dual_{t-1}	−0.1234 (−1.30)	−0.1327 (−1.42)	−0.1165 (−1.24)	−0.0928 (−1.00)	−0.1519 * (−1.67)	−0.1354 (−1.43)
CEO Age_{t-1}	−0.1907 (−0.44)	−0.2826 (−0.67)	−0.3695 (−0.83)	−0.0043 (−0.01)	−0.4459 (−1.05)	−0.2003 (−0.47)
Asset_{t-1}	0.3827 *** (4.94)	0.3688 *** (4.82)	0.3726 *** (4.81)	0.3416 *** (4.38)	0.3563 *** (4.70)	0.3846 *** (4.99)
CAR_{t-1}	0.0038 (0.48)	0.0036 (0.46)	0.0035 (0.44)	0.0025 (0.32)	0.0022 (0.29)	0.0238 (0.85)
NPL_{t-1}	−0.0293 (−1.04)	−0.0253 (−0.91)	−0.0270 (0.96)	−0.0225 (−0.81)	−0.0022 (−0.08)	0.0037 (0.47)

续表

解释变量	（1）	（2）	（3）	（4）	（5）	（6）
截距项	0.9914 （0.52）	1.4144 （0.75）	1.7697 （0.90）	0.8351 （0.45）	2.0901 （1.11）	0.9625 （0.51）
年份虚拟变量	Yes	Yes	Yes	Yes	Yes	Yes
R^2	0.5493	0.5488	0.5471	0.5729	0.5677	0.4433
F 值	8.26 ***	8.85 ***	8.43 ***	8.83 ***	9.33 ***	8.49 ***
银行—年样本数	240	240	240	240	240	240

注：①括号内为 t 值；② *** 表示 1% 水平上显著；** 表示 5% 水平上显著；* 表示 10% 水平上显著。

4.5.2　对高管薪酬计算方法的稳健性检验

在收集金额数高的前三名高管薪酬总额的数据时，有的银行对该数据进行了直接披露，但有的银行只披露了所有高管的薪酬总额和领取薪酬的人数，对于这种样本我们计算了高管的人均薪酬，然后乘以 3 得到前三名高管薪酬总额。鉴于估算薪酬时存在的偏误可能会对实证结果产生影响，我们接下来剔除了估算得到的薪酬数据，用银行披露的精确的薪酬数据进行回归分析，观测实证结论是否稳健。回归结果如表 4.30、表 4.31 所示，境外战略投资者特征变量所对应的系数均显著，因此，剔除了估算的薪酬数据之后，实证结论并未发生太大改变。进一步说明境外战略投资者可以显著地提升薪酬绩效的敏感度，并提高银行高管薪酬的水平，所以境外战略投资者有效地激励了银行高管层。

表 4.30　　　　对基准模型（4.1）采用披露的薪酬数据的回归结果

解释变量	（1）	（2）	（3）	（4）	（5）	（6）
$\Delta \mathrm{Roa}_{t-1}$	1.0898 （1.07）	1.2796 （0.91）	1.1647 （1.59）	0.9818 （1.61）	1.0131 （1.06）	−1.1019 * （−1.79）
$D\_FSI_{t-1} \times \Delta \mathrm{Roa}_t$	3.4609 ** （2.55）					
FSI-Share Hold1$_{t-1}$ × $\Delta \mathrm{Roa}_t$		0.1375 * （1.67）				

续表

解释变量	（1）	（2）	（3）	（4）	（5）	（6）
FSI-Share Hold2$_{t-1}$ × ΔRoa$_t$			2.2639 ** （2.15）			
D_（FSI_Dir）$_{t-1}$×ΔRoa$_t$				4.4318 *** （3.29）		
FSI_director$_{t-1}$×ΔRoa$_t$					21.3763 *** （3.17）	
D_FSI_CG$_{t-1}$×ΔRoa$_t$						3.3589 ** （2.46）
Big Share$_{t-1}$	− 0.0183 * （− 1.69）	− 0.0138 （− 1.17）	− 0.0144 （− 0.15）	− 0.0182 * （− 1.71）	− 0.0162 （− 1.53）	− 0.0185 * （− 1.70）
Ind Directors$_{t-1}$	3.7456 * （1.70）	3.4091 ** （1.99）	3.5013 * （1.78）	3.7789 * （1.93）	3.5402 * （1.83）	3.7812 （1.51）
Board Size$_{t-1}$	− 0.9330 （− 1.01）	− 1.0471 （− 0.85）	− 0.8345 （− 0.89）	− 1.0072 （− 1.10）	− 0.8250 （− 0.90）	− 0.9280 （− 1.00）
Dual$_{t-1}$	− 0.2031 （− 0.57）	− 0.2623 （− 0.67）	− 0.1738 （− 0.48）	− 0.1503 （− 0.42）	− 0.1653 （− 0.47）	− 0.2240 （− 0.62）
CEO Age$_{t-1}$	1.6472 （0.90）	2.1108 （1.00）	2.0435 （1.11）	1.3365 （0.74）	1.4297 （0.79）	1.7109 （0.93）
Asset Growth$_{t-1}$	1.0524 （1.06）	1.2537 （1.01）	0.9778 （0.97）	0.9859 （1.02）	0.9172 （0.94）	1.0379 （1.05）
ΔNPL$_t$	− 0.3819 * （− 1.84）	− 0.5030 * （− 1.67）	− 0.4740 ** （− 2.39）	− 0.3062 ** （− 2.08）	− 0.2328 * （− 1.76）	0.3711 （1.29）
CAR$_{t-1}$	− 0.0779 （− 1.31）	− 0.0739 （− 1.15）	− 0.0752 （− 1.24）	− 0.0804 （− 1.37）	− 0.0561 （− 0.96）	− 0.0693 （− 1.16）
截距项	− 2.2201 （− 0.31）	− 3.6847 （− 0.43）	− 3.9331 （− 0.54）	− 0.9037 （− 0.13）	− 2.0353 （− 0.29）	− 2.5334 （− 0.35）
年份虚拟变量	Yes	Yes	Yes	Yes	Yes	Yes
R^2	0.3096	0.3105	0.2913	0.3283	0.3249	0.3071
F 值	4.42 **	4.75 ***	4.06 ***	4.82 ***	4.75 ***	4.38 ***
银行—年样本数	164	164	164	164	164	164

注：①括号内为 t 值；② *** 表示1%水平上显著；** 表示5%水平上显著；* 表示10%水平上显著。

表 4.31　　　　　对基准模型（4.3）采用披露的薪酬数据的回归结果

解释变量	（1）	（2）	（3）	（4）	（5）	（6）
$\Delta\mathrm{Roa}_{t-1}$	0.0383 (0.30)	0.0350 (0.27)	0.0358 (0.28)	0.0195 (0.15)	0.0307 (0.25)	− 0.0419 (− 0.33)
$\Delta\mathrm{Roa}_{t}$	0.2869 * (1.79)	0.2888 * (1.81)	0.2880 * (1.79)	0.3091 ** (1.96)	0.2787 * (1.79)	0.2823 * (1.76)
$\mathrm{D\_FSI}_{t-1}$	0.1020 * (1.91)					
FSI-Share Hold1$_{t-1}$		0.0075 ** (2.36)				
FSI-Share Hold2$_{t-1}$			0.0696 ** (1.98)			
$\mathrm{D\_(FSI\_Dir)}_{t-1}$				0.2540 *** (2.65)		
FSI_director$_{t-1}$					2.0004 *** (3.03)	
$\mathrm{D\_FSI\_CG}_{t-1}$						0.0482 *** (3.44)
Big Share$_{t-1}$	− 0.0003 (− 0.14)	− 0.0003 (− 0.09)	− 0.0009 (− 1.28)	− 0.0005 (− 0.16)	− 0.0010 (− 0.32)	0.0003 (0.09)
Ind Directors$_{t-1}$	1.1034 ** (1.98)	1.0379 ** (2.19)	1.1445 ** (1.99)	0.9662 * (1.71)	0.8766 * (1.66)	1.1628 ** (2.00)
Board Size$_{t-1}$	0.3089 (1.32)	0.3122 (1.34)	0.2894 (1.24)	0.2751 (1.20)	0.3173 (1.40)	0.3041 (1.29)
Dual$_{t-1}$	− 0.2067 ** (− 2.40)	− 0.2044 ** (− 2.43)	− 0.1911 (− 2.29)	− 0.2065 ** (− 2.51)	− 0.1972 ** (− 2.43)	− 0.1983 ** (− 2.28)
CEO Age$_{t-1}$	2.2108 *** (4.75)	2.1854 *** (4.71)	2.2116 *** (4.73)	2.0937 *** (4.56)	1.7287 *** (3.58)	2.2659 *** (4.88)
Asset$_{t-1}$	0.1127 *** (2.87)	0.1189 *** (3.16)	0.1213 *** (3.21)	0.1075 *** (2.87)	0.1267 *** (3.46)	0.1173 *** (2.93)
CAR$_{t-1}$	− 0.0590 *** (− 3.97)	− 0.0590 *** (− 4.06)	− 0.0576 *** (− 3.93)	− 0.0602 *** (− 4.24)	− 0.0559 *** (− 4.01)	− 0.0086 (− 0.20)
NPL$_{t-1}$	− 0.0089 (− 0.21)	− 0.0098 (− 0.23)	− 0.0122 (− 0.28)	− 0.0141 (− 0.33)	− 0.0337 (− 0.79)	− 0.0567 *** (− 3.87)

续表

解释变量	（1）	（2）	（3）	（4）	（5）	（6）
截距项	− 4.6260 *** （− 2.64）	− 4.6052 *** （− 2.65）	− 4.6847 *** （− 2.67）	− 4.0724 ** （− 2.36）	− 2.9442 * （− 1.67）	− 4.8867 *** （− 2.82）
年份虚拟变量	Yes	Yes	Yes	Yes	Yes	Yes
R^2	0.6103	0.6129	0.6094	0.6242	0.6305	0.6091
F 值	14.88 ***	15.04 ***	14.82 ***	15.78 ***	16.21 ***	14.77 ***
银行—年样本数	169	169	169	169	169	169

注：①括号内为 t 值；② *** 表示 1% 水平上显著；** 表示 5% 水平上显著；* 表示 10% 水平上显著。

4.5.3 对银行绩效变量的稳健性检验

本书也采用银行净资产收益率指标（Roe）来替换资产收益率（Roa）进行了一系列的稳健性检验，检验结果发现，主要解释变量的正负号和显著性都没有发生较大的改变，支持了境外战略投资者的引入积极参与公司治理，有效激励了银行高管层的结论。但限于篇幅较大，本书没有详细列出稳健性检验的结果。

4.6 本章小结

本章主要探讨了境外战略投资者对银行高管显性薪酬的激励作用。我们对样本的选择和数据来源进行了阐述，并参考已有文献设置了一系列基准模型，对模型所用的变量进行了指标构建和描述性统计分析。结合我国银行的实际情况，并参照已往研究的指标构建，我们将基准模型具体化，重点考察了境外战略投资者对银行高管薪酬绩效敏感度和高管薪酬水平的影响。实证结果发现，境外战略投资者的引入积极参与了公司治理的改善，有效激励了银行高管层，不仅提升了银行高管层薪酬绩效敏感度，而且提升了银行高管的薪酬水平。因此，境外战略投资者的引入可以促使银行制定更为透明合理的薪酬机制，降低高管的权力寻租行为，更有效地激励高管层。

境外战略投资者参股银行会显著提升银行高管的薪酬绩效敏感度和薪酬

水平，并且持股比例越高，以及当境外战略投资者与第一大股东所持股份之比越大时，境外战略投资者对大股东的制衡作用越明显，对薪酬绩效敏感度和薪酬水平的提升幅度越大。银行董事会中设置境外战略投资者董事会提升高管层的薪酬绩效敏感度和薪酬水平，且外资董事的占比越高，薪酬对绩效的敏感度越强，薪酬水平越高。境外战略投资者将提高银行公司治理经验纳入战略合作协议内容中时，越能促使银行制订有效的薪酬激励契约。此外，我们还考察了境外战略投资者的动态变化对银行高管薪酬绩效敏感度的影响，结果发现，境外战略投资者的变化与薪酬绩效敏感度的变化呈显著正向关系。本章还进行了内生性分析和一系列稳健性检验讨论。

第 5 章　境外战略投资者影响高管隐性薪酬的实证分析

本章主要通过实证研究来探讨境外战略投资者与银行高管层隐性薪酬之间的关系。本章首先借鉴罗等（Luo et al.，2011）和权小锋等（2010）的实证模型，考察了境外战略投资者对银行高管层在职消费水平的影响；其次借鉴科尔等（Core et al.，2007）、哈泽尔和斯塔克斯（Hartzell & Starks，2003）的实证模型，考察了境外战略投资者持股特征对银行高管层非正常薪酬水平约束机制的影响。

5.1　问 题 的 提 出 与 理 论 假 设

现代公司的典型特征是所有权与控制权相分离，不持有或较少持有公司股份的管理层控制着公司资源的配置权（Berle & Means，1932）。由于管理层和股东的利益并不完全一致，加之股东又不可能对拥有私人信息和掌握公司实际控制权的管理层进行全面彻底的监督，因此，理性的管理层并不会使股东财富最大化，而是去努力追求自身利益最大化，也即追求高管私有收益最大化。例如，获得额外津贴、追求较高的销售增长率、打造"个人帝国"等非企业价值最大化目标（Jensen & Meckling，1976）。

在由行政型治理向经济型治理转型过程中衍生出的"内部人控制"问题，使高管权力可能凌驾于公司治理机制之上，这让高管有强烈的意愿和绝对的能力去谋求自身的私有收益（权小锋等，2010）。高管层作为"内部人"往往对董事会有很大的控制权和影响力，在对其自身的薪酬激励契约制定以及考核执行中有着很大的权力（Finkelstein，1992）。特别是在内部人控制条件下，高管层激励契约的决定存在内生性，其可凭借掌握的权力以多种方式

（如通过控制董事会）实现自身收益最大化，使旨在降低代理成本的激励机制反而变成了代理成本的源泉。在职消费由于其隐蔽性特征，成为国有企业管理人员的替代性选择，内生于国有企业面临的薪酬管制约束。卢锐和魏明海（2008）认为，在职消费是与控制权联系在一起的。一般来说，管理层权力越大，受监督越弱，就越可能享受更多在职消费（权小锋等，2010）。我国国有企业的高管人员尤其是一把手，手中掌握的资源多、权力大，在职务消费上具有很大的"自由裁量权"；加上制度和监管上的漏洞，高管人员在保持较低显性薪酬的同时，有很多机会扩大在职消费的种类和范围。除了正常的在职消费，"'灰色'或异常的在职消费"尤其具有伸缩性和弹性。

别布丘克和弗里德（Bebchuk & Fried，2003）研究发现，高管层可以通过权力来影响自身薪酬水平，高管层权力越大，租金汲取的能力就越强，越有可能自定薪酬。库哈恩和茨维伯尔（Kuhnen & Zwiebel，2008）通过构建理论模型证明了高管层会综合权衡其能实际获得的正常薪酬和非正常薪酬的财富效应，尽一切可能自定薪酬以获取高薪。法贺恩布兰奇（Fahlenbrach，2009）采用两职合一、董事会规模、独立董事占比、机构投资者持股集中度以及 G 指数来衡量高管层权力，研究发现，高管层权力能够显著提高总薪酬水平。

在职消费、非正常薪酬水平往往被视为代理成本，有损企业价值。近年来的一些研究已发现薪酬管制（陈冬华等，2005；陈信元等，2009；徐细雄和刘星，2013）、市场化改革（辛清泉和谭伟强，2009；陈信元等，2009；陈冬华等，2010）、政府干预（张敏等，2013）等，还有一些研究结合我国国有企业所处政治制度环境中的"政治干预"发现，纪委的治理参与（陈仕华等，2014）以及政府审计（褚剑和方军雄，2016）等治理机制在抑制高管超额在职消费中所扮演的重要监督角色，此外还有一些研究发现，外部治理如媒体监督（翟胜宝等，2015；耿云江和王明晓，2016）也能够抑制高管超额在职消费和异常薪酬水平的攫取。

引进境外战略投资者旨在促进中资银行建立并健全公司治理结构，其不仅多元化了银行单一的股权结构，强化了股权约束，增强了内生权力的基础和刚性，而且有助于形成相互制衡的股权结构，改善了"内部人"控制（高管层权力）的公司治理缺陷，对银行高管层可以形成良好的监督约束机制，能够降低银行高管层利用手中掌握的权力来提高超额在职消费和非正常薪酬水平的动机。我们据此提出以下假设。

假设：境外战略投资者能够降低银行高管层的在职消费水平和非正常薪

酬水平。

5.2 样本、实证模型设计及统计性描述

5.2.1 样本及数据来源

本书以我国商业银行为研究样本，样本期间范围为 2005～2011 年，原因是在 2004 年之前，我国进行规范信息披露的城市商业银行很少，尽管如此，由于银行高管薪酬披露的信息相对有限，我们不得不对缺失薪酬信息的银行进行剔除。银行的财务数据主要来自 BANKSCOPE 数据库，对某些银行的指标缺失，我们从商业银行年报手工整理补充，但也并不排除某些银行在特定年份的个别指标没有披露。银行的公司治理及股东情况的相关数据是由银行年报整理得到。另外，本书剔除了回归中所使用变量值缺失的银行样本观察值。根据上述标准，我们共收集了 65 家商业银行的数据，包括 16 家全国股份制商业银行及 49 家城市商业银行，得到 2005～2011 年 406 个银行年样本数。

5.2.2 研究模型设计及指标说明

5.2.2.1 实证模型设计

（1）境外战略投资者对高管超额在职消费的实证模型。

分析境外战略投资者对高管在职消费水平的影响时，我们参照了罗等（Luo et al., 2011）和权小锋等（2010）的实证模型，结合银行等金融企业年报披露事项的特殊性，在"业务与管理费用"项目中扣除折旧、摊销和租赁费用，减去高管人员薪酬总额，再除以银行营业收入来近似反映高管在职消费水平。实证模型为：

$$
\begin{aligned}
\text{Perk}_{it} =\ & \alpha_0 + \beta_1 Z_{i,t-1} + \beta_2 \text{Big Share}_{i,t-1} + \beta_3 \text{Ind Directors}_{i,t-1} \\
& + \beta_4 \text{Board Size}_{i,t-1} + \beta_5 \text{Dual}_{i,t-1} + \beta_6 \text{CEO Age}_{i,t-1} + \beta_7 \text{Asset}_{i,t-1} \\
& + \beta_8 \text{NPL}_{i,t-1} + \beta_9 \text{CAR}_{i,t-1} + \sum \beta_y \text{ year dummy variables}_t + \varepsilon_{it}
\end{aligned}
$$

$$(5.1)$$

（2）境外战略投资者对高管非正常薪酬的实证模型。

分析境外战略投资者对高管非正常薪酬影响时，我们参照了科尔等（Core et al.，2007）的实证模型，首先通过回归高管薪酬与一系列解释变量，得到回归系数之后计算出高管正常薪酬的预期；其次用实际薪酬减去预期的正常薪酬即为非正常的高管薪酬；最后考察境外战略投资者对非正常薪酬的影响，实证模型为：

$$
\begin{aligned}
\text{Comp\_NonRegular}_{it} = {} & \alpha_0 + \beta_1 \Delta \text{Roa}_{it} + \beta_2 \Delta \text{Roa}_{i,t-1} + \beta_3 Z_{i,t-1} + \beta_4 \text{Big Share}_{i,t-1} \\
& + \beta_5 \text{Ind Directors}_{i,t-1} + \beta_6 \text{Board Size}_{i,t-1} + \beta_7 \text{Dual}_{i,t-1} \\
& + \beta_8 \text{CEO Age}_{i,t-1} + \beta_9 \text{Asset}_{i,t-1} + \beta_{10} \text{NPL}_{i,t-1} + \beta_{11} \text{CAR}_{i,t-1} \\
& + \sum \beta_y \text{ year dummy variables}_t + \varepsilon_{it} \qquad\qquad (5.2)
\end{aligned}
$$

5.2.2.2　指标构建

（1）境外战略投资者指标。

与第 4 章的指标构建相似，在衡量境外战略投资者特征时，我们选取 Z = D_FSI，FSI-Share Hold1，FSI-Share Hold2，D_（FSI_Dir），FSI_director，D_FSI_CG，变量定义与前面相同。

（2）高管隐性薪酬的衡量指标。

Perk 参照了罗等（Luo et al.，2011）和权小锋等（2010）的研究，并结合银行等金融企业年报披露事项的特殊性，在"业务与管理费用"项目中扣除折旧、摊销和租赁费用，减去高管人员薪酬总额，再除以银行营业收入来近似反映高管在职消费水平。Perk 越低是指银行高管层利用高管层权力攫取的在职消费水平越低，表明银行高管层被约束监督了，而 Perk 越高表明银行高管层隐性薪酬没有被有效约束监督。

Comp_NonRegular 是金额数高的前三名高管的非正常薪酬，计算方法为通过对高管实际薪酬和决定高管薪酬因素的回归，计算出银行高管层正常薪酬的预期，再用实际薪酬减去预期的正常薪酬即为非正常的高管薪酬（Core et al.，2007）。Comp_NonRegular 越低是指银行高管层利用高管层权力攫取的非正常薪酬水平越低，表明银行高管层被约束监督，而 Comp_NonRegular 越高表明银行高管层隐性薪酬没有被有效约束监督。

（3）其他控制变量。

控制变量借鉴科尔等（Core et al.，2007）的实证模型，加入公司治理层面和银行财务状况的控制变量。对公司治理因素的控制我们选取 Big Share、Dual、Board Size、Ind Directors、CEO Age 五个变量，定义与第 4 章的指标定义相同；对银行绩效的衡量指标，我们选取资产收益率 Roa；对银行财务的控制变量，我们选取 Asset、NPL、CAR 三个指标，定义与第 4 章的指标定义也完全一致。

5.2.2.3　主要指标的定义

根据上述分析，本章实证用到的变量包括境外战略投资者指标、高管隐性薪酬的衡量指标以及一系列控制变量，主要变量的具体定义如表 5.1 所示。

表 5.1　　　　　　　　　　　　　　模型变量含义

类型	变量	定义
境外战略投资者变量	D_FSI	D_FSI 是境外战略投资者是否持股商业银行的虚拟变量，如果境外战略投资者持股，则 D_FSI = 1，否则 D_FSI = 0
	FSI-Share Hold1	境外战略投资者的持股比例
	FSI-Share Hold2	境外战略投资者与银行第一大股东持股比例之比
	D_(FSI_Dir)	D_(FSI_Dir) 是境外战略投资者是否在银行董事会中派驻股东董事的虚拟变量，如果派驻股东董事，则 D_(FSI_Dir) = 1，否则 D_(FSI_Dir) = 0
	FSI_director	境外战略投资者派驻外资董事席位占董事会的比例
	D_FSI_CG	如果战略合作协议中将公司治理作为重要合作内容，则值为 1，否则为 0
衡量高管隐性薪酬变量	Perk	高管在职消费水平
	Comp_NonRegular	金额数高的前三名高管的非正常薪酬水平
其他解释变量和控制变量	Big Share	第一大股东持股比例
	Dual	两职合一的虚拟变量，董事长和总经理由一人兼任为 1，否则为 0
	Board Size	董事会人数规模，取对数
	Ind Directors	独立董事占董事会比例
	CEO Age	CEO 的年龄，取对数
	CAR	资本充足率
	NPL	不良贷款率
	Asset	资产总额取对数值
	Roa	资产收益率

续表

类型	变量	定义
银行类型	Shared ComB	Shared ComB 是银行是否属于全国股份制商业银行的虚拟变量，如果为全国股份制商业银行，则 Shared ComB = 1，否则 Shared ComB = 0
	City ComB	City ComB 是银行是否属于城市商业银行的虚拟变量，如果为城市商业银行，则 City ComB = 1，否则 City ComB = 0

5.2.3　变量描述性统计分析

表5.2 对本章主要变量进行了描述性统计分析，从表5.2 中可以看出，我们的样本银行中大概有34.5% 引入了境外战略投资者，境外战略投资者的持股比例平均约为5.4%；FSI-Share Hold2 均值为26.42，因此，境外战略投资者在总体水平上能够对最大股东形成一定的制衡作用，其最大值为178.57，说明有些银行的境外战略投资者已经成为最大的股东，对银行的运营和高管薪酬都具有至关重要的话语权；并且 D_FSI 与 D_（FSI_Dir）的均值相近，说明境外战略投资者基本都设置了董事会成员，参与银行运营的日常决策之中；D_FSI_CG 均值为0.28，将近28% 的境外战略投资者将提升公司治理经验写入战略合作协议内容中。因而可以看出，近几年我国银行业引入境外战略投资者已经较为普遍，并且境外战略投资者已经改变了一些银行的股权结构和董事会架构，对这些银行已经产生了深刻的影响。

Perk 的平均值为0.01，最大值和最小分别为0.00 和0.07，Comp_Non-Regular 的平均值为1.11，最大值和最小分别为3.71 和0.34，我国商业银行高管层在职消费水平和非正常薪酬水平的攫取程度差异很大。

Big Share 的最大值为70.88%，说明有些银行的股权集中度非常高，第一大股东形成绝对控股的局面；而有些银行的股权结构非常分散，最大股东的持股比例仅达到4.59%，股权集中度不同则产生的代理问题不同，对银行高管的监督约束作用也存在差异。Dual 的均值为0.4，说明有40% 的银行的董事长兼任总经理职务。Board Size 均值为2.58，因此，银行董事会人数平均约为13 个人，Ind Directors 均值为23%，因此，董事会中独立董事的人数平均为3 个人，说明我国银行中独立董事已经占据一定席位，甚至有的银行董事会中独立董事的比例已高达44%，因此，一些银行的独立董事已经具备了相当的话语权，这一方面可以有效促进公司治理结构的改善；另一方面也可以加强对高管的监督和约束作用。CEO Age 均值为 3.9，说明我国银行高管的平均年龄约为 50 岁，其中最年长的高管为 67 岁，最年轻的高管为 38 岁，年龄差距接近 30 年，说明银行之间高管的年龄特征和管理经验等方面也存在着一定差异。CAR 的平均值为 12.2%，满足了监管机构 8% 最低资本充足率的要求。另外，变量 NPL、Asset 和 Roa 差异较大，不同银行的规模和发展状况也存在较大的差异。

表 5.2 　　　　　　　　　　　**主要变量的描述性统计分析**

变量	观测数	平均值	标准差	最小值	最大值
D_FSI	351	0.3447	0.4760	0	1
FSI-Share Hold1	351	5.4284	8.4760	0	24.98
FSI-Share Hold2	350	26.4179	43.9618	0	178.5714
D_(FSI_Dir)	351	0.3305	0.4711	0	1
FSI_director	350	4.1879	7.1087	0	38.4615
D_FSI_CG	351	0.2823	0.4514	0	1
Perk	349	0.0052	0.0054	0.0009	0.0725
Comp_NonRegular	258	1.1098	0.5223	0.3421	3.7100
Big Share	350	21.7738	14.9308	4.59	70.88
Dual	349	0.4040	0.4914	0	1
Board Size	350	2.5761	0.2687	1.6094	2.9444
Ind Directors	350	23.0339	12.3326	0	44.4444
CEO Age	330	3.9008	0.1124	3.6376	4.2047
CAR	369	12.1989	4.2916	−0.3900	62.6200
NPL	371	1.9899	2.9822	0	38.2200
Asset	373	11.5305	1.9411	8.3637	16.5549
Roa	392	1.0789	0.5032	−1.3850	2.9990

表 5.3 是对超额在职消费和非正常薪酬的均值差检验结果，从表 5.3 中可以看出，Perk 对应的 t 值分别为 2.27 和 3.39，Comp_NonRegular 对应的 t 值分别为 2.03 和 2.17，因此，境外战略投资者显著降低了高管的超额在职消费和非正常薪酬水平，说明境外战略投资者对银行高管隐性薪酬水平起到了有效的监督约束作用。

表 5.3　　　　引入境外战略投资者对在职消费和非正常薪酬的均值差检验

	D_FSI = 0	D_FSI = 1	t 值
Perk	0. 0006	0. 0005	2. 2730 **
	D_(FSI_Dir) = 0	D_(FSI_Dir) = 1	3. 3930 ***
	0. 0006	0. 0004	
Comp_NonRegular	D_FSI = 0	D_FSI = 1	t 值
	1. 1107	1. 1087	2. 0301 **
	D_(FSI_Dir) = 0	D_(FSI_Dir) = 1	2. 1719 **
	1. 1753	1. 0619	

注： *** 表示 1% 水平上显著； ** 表示 5% 水平上显著； * 表示 10% 水平上显著。

5.3　实证结果分析

5.3.1　境外战略投资者影响高管在职消费的实证结果

我们选择 Z = D_FSI、FSI-Share Hold1、FSI-Share Hold2、D_(FSI_Dir)、FSI_director、D_FSI_CG，采用模型 (5.1) 实证检验境外战略投资者对高管在职消费的影响。回归结果如表 5.4 所示。第 (1) ~ 第 (3) 列考察境外战略投资者持股特征对银行高管在职消费水平的影响，D_FSI_{t-1}、FSI-Share $Hold1_{t-1}$、FSI-Share $Hold2_{t-1}$ 的系数显著为负，说明当银行引入境外战略投资者后，其高管的在职消费有了较大幅度的下降，且随着境外战略投资者持股比例的增加，在职消费进一步下降，当境外战略投资者对大股东的制衡作用越强时，越能促使银行高管的在职消费水平下降。第 (4) ~ 第 (5) 列考察境外战略投资者派驻董事特征对银行高管在职消费水平的影响，$D\_(FSI\_Dir)_{t-1}$、$FSI\_director_{t-1}$ 的系数显著为负，说明当银行董事会设置外资股东董事后，高管的在职消费有了显著下降，且外资董事占比越高，越能够参与到董事会的重大决策中，抑制高管权力寻租行为，降低银行高管在职消费水平。第 (6) 列考察境外战略投资者是否向合作银行提供公司治理经验对银行高管在职消费水平的影响，$D\_FSI\_CG_{t-1}$ 的系数显著为负，说明当境外战略合作者和银行将提高公司治理经验纳入战略合作协议的内容时，能够显著降低银行高管在职消费水平。

表 5.4　　　　境外战略投资者对银行高管在职消费影响的回归结果

解释变量	（1）	（2）	（3）	（4）	（5）	（6）
ΔRoa_{t-1}	0.0003	0.0003	0.0004	0.0003	0.0003	0.0002
	（0.32）	（0.32）	（0.37）	（0.32）	（0.33）	（0.24）
ΔRoa_t	0.0004	0.0004	0.0005	0.0004	0.0004	0.0003
	（0.40）	（0.42）	（0.48）	（0.40）	（0.40）	（0.24）
D_FSI_{t-1}	−0.0001 ***					
	（−4.02）					
FSI-Share Hold1$_{t-1}$		−0.0001 ***				
		（−3.89）				
FSI-Share Hold2$_{t-1}$			−0.0012 ***			
			（−3.47）			
$D\_(FSI\_Dir)_{t-1}$				−0.0001 ***		
				（−3.02）		
FSI_director$_{t-1}$					−0.0060 **	
					（−2.11）	
$D\_FSI\_CG_{t-1}$						−0.0026 ***
						（−2.84）
Big Share$_{t-1}$	−0.0000	−0.0000	−0.0000	−0.0000	−0.0000	0.0000
	（−0.65）	（−0.80）	（−0.54）	（−0.67）	（−0.70）	（0.35）
Ind Directors$_{t-1}$	0.0009	0.0005	0.0003	0.0009	0.0005	0.0040
	（0.23）	（0.13）	（0.09）	（0.23）	（0.14）	（1.05）
Board Size$_{t-1}$	−0.0001	−0.0004	−0.0007	−0.0002	−0.0005	0.0003
	（−0.09）	（−0.26）	（−0.40）	（−0.09）	（−0.30）	（0.20）
Dual$_{t-1}$	−0.0012	−0.0012	−0.0011	−0.0012	−0.0011	−0.0007
	（−1.58）	（−1.57）	（−1.49）	（−1.58）	（−1.44）	（−0.91）
CEO Age$_{t-1}$	0.0033	0.0029	0.0025	0.0033	0.0022	0.0045
	（0.95）	（0.85）	（0.74）	（0.95）	（0.64）	（1.34）

续表

解释变量	（1）	（2）	（3）	（4）	（5）	（6）
Asset_{t-1}	0.0006	0.0006	0.0007	0.0006	0.0006	0.0006
	（0.33）	（0.33）	（0.35）	（0.33）	（0.30）	（0.29）
CAR_{t-1}	−0.0003	−0.0003	−0.0003	−0.0003	−0.0003	−0.0003
	（−1.14）	（−1.14）	（−1.13）	（−1.14）	（−1.02）	（−1.02）
NPL_{t-1}	0.0005 ***	0.0005 ***	0.0005 ***	0.0005 ***	0.0005 ***	0.0005 ***
	（4.60）	（4.57）	（4.53）	（4.62）	（4.69）	（4.84）
截距项	−0.0121	−0.0101	−0.0083	−0.0121	−0.0077	−0.0184
	（−0.87）	（−0.74）	（−0.61）	（−0.87）	（−0.55）	（−1.37）
年份虚拟变量	Yes	Yes	Yes	Yes	Yes	Yes
R^2	0.0546	0.0575	0.0624	0.0546	0.0591	0.0829
F 值	2.00 **	2.06 **	2.16 **	2.00 **	2.09 **	2.57 **
银行—年样本数	279	279	279	279	279	279

注：①括号内为 t 值；② *** 表示 1% 水平上显著； ** 表示 5% 水平上显著； * 表示 10% 水平上显著。

我们还对不同类型的银行进行了对比分析，境外战略投资者对全国股份制商业银行高管在职消费回归结果如表 5.5 所示，境外战略投资者对城市商业银行高管在职消费回归结果如表 5.6 所示。我们发现，无论是全国股份制商业银行还是城市商业银行，D_FSI、FSI-Share Hold1、FSI-Share Hold2、D_（FSI_Dir）、FSI_director、D_FSI_CG 的系数全部显著为负，说明引入境外战略投资者、境外战略投资者持股比例越高、境外战略投资者与大股东抗衡能力越强、派驻外资董事、派驻外资董事占董事会规模比例越大、境外战略投资者向银行提供公司治理经验时，越能有效制约高管的非正常薪酬水平，境外战略投资者对银行高管起到明显的监督和约束作用，缓解了委托代理问题。

表 5.5　境外战略投资者影响全国股份制商业银行高管在职消费的回归结果

解释变量	全国股份制商业银行 （Shared ComB = 1）					
	（1）	（2）	（3）	（4）	（5）	（6）
ΔRoa_{t-1}	0.0003	0.0003	0.0003	0.0003	0.0003	0.0003
	（1.17）	（1.05）	（1.05）	（1.12）	（1.14）	（1.11）

续表

解释变量	全国股份制商业银行 (Shared ComB = 1)					
	(1)	(2)	(3)	(4)	(5)	(6)
ΔRoa_t	0.0005 (1.60)	0.0005 (1.47)	0.0006 (1.65)	0.0005 (1.56)	0.0006* (1.71)	0.0005 (1.46)
D_FSI_{t-1}	-0.0002* (-1.88)					
FSI-Share Hold1$_{t-1}$		-0.0000** (-2.48)				
FSI-Share Hold2$_{t-1}$			-0.0002* (-1.66)			
$D\_(FSI\_Dir)_{t-1}$				-0.0002* (-1.71)		
FSI_director$_{t-1}$					-0.0010** (-2.37)	
$D\_FSI\_CG_{t-1}$						-0.0002*** (-3.34)
Big Share$_{t-1}$	0.0000 (0.87)	0.0000 (0.61)	0.0000 (0.13)	0.0000 (0.83)	0.0000 (0.40)	0.0000 (0.79)
Ind Directors$_{t-1}$	0.0010 (0.99)	0.0009 (0.88)	0.0009 (0.96)	0.0009 (0.90)	0.0007 (0.68)	0.0014 (1.34)
Board Size$_{t-1}$	-0.0004 (-0.61)	-0.0005 (-0.67)	-0.0005 (-0.66)	-0.0002 (-0.33)	-0.0005 (-0.73)	-0.0007 (-0.90)
Dual$_{t-1}$	0.0003** (2.29)	0.0002* (1.92)	0.0002* (1.80)	0.0003* (1.99)	0.0002* (1.86)	0.0003** (2.29)
CEO Age$_{t-1}$	0.0002 (0.22)	0.0000 (0.05)	-0.0001 (-0.17)	0.0001 (0.15)	0.0002 (0.28)	0.0001 (0.16)
Asset$_{t-1}$	-0.0007** (-2.04)	-0.0007* (-1.95)	-0.0007** (-2.01)	-0.0006* (-1.80)	-0.0007* (-1.98)	-0.0006* (-1.85)
CAR$_{t-1}$	-0.0001 (-0.96)	-0.0001 (-0.91)	-0.0001 (-1.16)	-0.0001 (-0.98)	-0.0001 (-1.15)	-0.0001 (-0.85)

续表

解释变量	全国股份制商业银行 （Shared ComB = 1）					
	（1）	（2）	（3）	（4）	（5）	（6）
NPL_{t-1}	0.0001 ***	0.0001 ***	0.0001 ***	0.0001 ***	0.0001 ***	0.0001 ***
	（4.17）	（3.92）	（3.99）	（3.95）	（3.83）	（4.08）
截距项	0.0020	0.0026	0.0034	0.0018	0.0022	0.0026
	（0.57）	（0.72）	（0.93）	（0.49）	（0.60）	（0.72）
年份虚拟变量	Yes	Yes	Yes	Yes	Yes	Yes
R^2	0.5171	0.4953	0.5124	0.5133	0.5065	0.5064
F 值	6.83 ***	6.33 ***	6.71 ***	6.74 ***	6.58 ***	6.56 ***
银行一年样本数	88	88	88	88	88	88

注：①括号内为 t 值；② *** 表示 1% 水平上显著；** 表示 5% 水平上显著；* 表示 10% 水平上显著。

表 5.6　境外战略投资者影响城市商业银行高管在职消费的回归结果

解释变量	城市商业银行 （City ComB = 1）					
	（1）	（2）	（3）	（4）	（5）	（6）
ΔRoa_{t-1}	0.0003	0.0004	0.0004	0.0003	0.0004	0.0001
	（0.25）	（0.28）	（0.35）	（0.27）	（0.33）	（0.07）
ΔRoa_t	0.0003	0.0004	0.0005	0.0003	0.0005	− 0.0000
	（0.25）	（0.30）	（0.38）	（0.26）	（0.36）	（− 0.03）
D_FSI_{t-1}	− 0.0002 **					
	（− 2.17）					
$FSI\text{-}Share\ Hold1_{t-1}$		− 0.0001 ***				
		（3.76）				
$FSI\text{-}Share\ Hold2_{t-1}$			− 0.0017 ***			
			（− 4.22）			
$D\_(FSI\_Dir)_{t-1}$				− 0.0005 **		
				（− 2.36）		
$FSI\_director_{t-1}$					− 0.0173 *	
					（− 1.69）	

续表

解释变量	城市商业银行 （City ComB = 1）					
	（1）	（2）	（3）	（4）	（5）	（6）
$D\_FSI\_CG_{t-1}$						-0.0036^{**} （-2.47）
Big Share$_{t-1}$	0.0000 （0.55）	0.0000 （0.33）	0.0000 （0.29）	0.0000 （0.50）	0.0000 （0.12）	0.0001 （1.28）
Ind Directors$_{t-1}$	0.0037 （0.73）	0.0029 （0.56）	0.0025 （0.48）	0.0035 （0.68）	0.0016 （0.31）	0.0077 （1.51）
Board Size$_{t-1}$	0.0020 （0.91）	0.0018 （0.82）	0.0015 （0.68）	0.0019 （0.86）	0.0015 （0.66）	0.0024 （1.09）
Dual$_{t-1}$	-0.0020^{*} （-1.77）	-0.0021^{*} （-1.84）	-0.0021^{*} （-1.87）	-0.0020^{*} （-1.78）	-0.0020^{*} （-1.73）	-0.0013 （-1.12）
CEO Age$_{t-1}$	0.0111^{**} （2.14）	0.0105^{**} （2.00）	0.0096^{*} （1.82）	0.0109^{**} （2.10）	0.0089^{*} （1.68）	0.0114^{**} （2.26）
Asset$_{t-1}$	0.0028 （0.99）	0.0030 （1.04）	0.0031 （1.08）	0.0028 （1.00）	0.0030 （1.07）	0.0021 （0.75）
CAR$_{t-1}$	-0.0003 （-0.81）	-0.0003 （-0.82）	-0.0003 （-0.85）	-0.0003 （-0.79）	-0.0003 （-0.68）	-0.0003 （-0.71）
NPL$_{t-1}$	0.0004^{***} （2.62）	0.0004^{**} （2.55）	0.0004^{**} （2.40）	0.0004^{***} （2.61）	0.0004^{**} （2.49）	0.0005^{***} （3.05）
截距项	-0.0454^{**} （-2.10）	-0.0423^{*} （-1.95）	-0.0382^{*} （-1.74）	-0.0444^{**} （-2.04）	-0.0350 （-1.60）	-0.0478^{**} （-2.30）
年份虚拟变量	Yes	Yes	Yes	Yes	Yes	Yes
R^2	0.0594	0.0623	0.0672	0.0599	0.0743	0.0909
F 值	1.75	1.79	1.86	1.76	1.95	2.19
银行—年样本数	191	191	191	191	191	191

注：①括号内为 t 值；②*** 表示 1% 水平上显著；** 表示 5% 水平上显著；* 表示 10% 水平上显著。

5.3.2 境外战略投资者影响高管非正常薪酬水平的实证结果

分析境外战略投资者对高管非正常薪酬影响，我们参照了科尔等（Core

et al. ，2007） 的实证模型，首先通过回归高管薪酬与一系列解释变量，回归
模型如下：

$$LnCompensation_{it} = \alpha_0 + \beta_1 Asset_{it} + \beta_2 Asset\ Growth_{it} + \beta_3 Roa_{it} + \beta_4 Roa_{i,t-1} + \beta_5 CEO\ Age_{it} + \varepsilon_{it}$$

其次在得到回归系数之后计算出高管正常薪酬的预期，由于全国股份制
商业银行和城市商业银行的薪酬水平存在显著差异，因此，在对上述模型回
归时，我们按银行类型分别进行回归，然后用实际薪酬减去预期的正常薪酬
即为非正常的高管薪酬 Comp_NonRegular。接下来考察境外战略投资者对非
正常薪酬水平的影响，实证模型如下：

$$Comp\_NonRegular_{it} = \alpha_0 + \beta_1 \Delta Roa_{it} + \beta_2 \Delta Roa_{i,t-1} + \beta_3 Z_{i,t-1}$$
$$+ \beta_4 Big\ Share_{i,t-1} + \beta_5 Ind\ Directors_{i,t-1}$$
$$+ \beta_6 Board\ Size_{i,t-1} + \beta_7 Dual_{i,t-1} + \beta_8 CEO\ Age_{i,t-1}$$
$$+ \beta_9 Asset_{i,t-1} + \beta_{10} NPL_{i,t-1} + \beta_{11} CAR_{i,t-1}$$
$$+ \sum \beta_y\ year\ dummy\ variables_t + \varepsilon_{it}$$

我们选择 Z = D_FSI、FSI-Share Hold1、FSI-Share Hold2、D_（FSI_Dir）、
FSI_director、D_FSI_CG，回归结果如表 5.7 所示。第（1）列考察境外战略投
资者是否持股对银行高管非正常薪酬水平的影响，D_FSI_{t-1} 的系数为 -0.64，
显著为负，因此，当有境外战略投资者参股银行时，银行前三名高管的非
正常薪酬共下降约 64 万元。第（2）列考察境外战略投资者持股比例对银
行高管非正常薪酬水平的影响，$FSI\text{-}Share\ Hold1_{t-1}$ 的系数为 -0.01，显著
为负，因此，当有境外战略投资者持股比例增加 1% 时，银行前三名高管
的非正常薪酬共下降约 1 万元。第（1）~第（2）列回归结果说明，当银行
引入境外战略投资者后，其高管的非正常薪酬有了较大幅度的下降，且随
着境外战略投资者持股比例的增加，非正常薪酬进一步下降，因此，境外
战略投资者对银行的参与程度越高，其监督约束管理层的动机和能力越强，
越能促进银行制定透明的薪酬机制。第（3）列考察境外战略投资者与大
股东持股之比对银行高管非正常薪酬水平的影响，$FSI\text{-}Share\ Hold2_{t-1}$ 的系
数为 -0.64，显著为负，因此，当境外战略投资者与大股东持股之比增加
1% 时，银行前三名高管的非正常薪酬共下降约 64 万元；该结果说明，当
境外战略投资者对大股东的制衡作用越强时，越能促使银行高管的薪酬水

平趋于透明合理。第（4）列考察境外战略投资者是否派驻董事对银行高管非正常薪酬水平的影响，$D\_(FSI\_Dir)_{t-1}$ 的系数为 -0.14，显著为负，因此，当境外战略投资者向银行派驻外资股东董事后，银行前三名高管的非正常薪酬共下降约 14 万元。第（5）列考察境外战略投资者董事占董事会比例对银行高管非正常薪酬水平的影响，$FSI\_director_{t-1}$ 的系数为 -1.85，显著为负，因此，当境外战略投资者董事占董事会比例增加 1% 时，银行前三名高管的非正常薪酬共下降约 185 万元。第（3）~第（4）列回归结果说明，当银行董事会设置外资股东董事后，高管的非正常薪酬有了显著下降，且外资董事占比越高，越能够参与到董事会的重大决策中，抑制高管权力寻租行为，降低非正常薪酬水平。第（6）列考察境外战略投资者向银行提供公司治理经验对银行高管非正常薪酬水平的影响，D_FSI_CG 的系数为 -0.20，显著为负，因此，当境外战略投资者向银行提供公司治理经验后，银行前三名高管的非正常薪酬共下降约 20 万元，结果说明，当境外战略投资者将提高合作银行公司治理经验纳入战略合作协议内容后，能够显著降低银行高管非正常薪酬水平。

分析表 5.7 中公司治理控制变量的回归结果，可以发现 Big Share、Ind Directors 和 Dual 的系数为负，Board Size 的系数均为正，说明当银行的股权越集中、银行独立董事占比越高、两职分离、董事会规模越小时，高管的非正常薪酬越低，但因其系数并不都显著，所以以上公司治理变量对银行高管非正常薪酬的影响相对有限。CEO Age 的系数均在 1% 的置信水平下显著为负，因此说明，越年轻的高管越倾向于攫取高额的非正常利润，该结果是符合逻辑的，一般年长的高管具备更为成熟丰富的管理经验，且 CEO 年龄与薪酬的整体水平也成正比，其激进攫取高额非正常利润的动机相对更小。

表 5.7　　境外战略投资者影响银行高管非正常薪酬的回归结果

解释变量	(1)	(2)	(3)	(4)	(5)	(6)
ΔRoa_{t-1}	-0.0584 (-0.94)	-0.0396 (-0.61)	-0.0579 (-0.94)	-0.0397 (-0.61)	-0.0502 (-0.78)	-0.0176 (-0.17)
ΔRoa_t	-0.0662 (-0.80)	-0.0433 (-0.50)	-0.0595 (-0.71)	-0.0489 (-0.57)	-0.0539 (-0.63)	0.0071 (0.06)
D_FSI_{t-1}	-0.6412^{***} (-3.84)					

续表

解释变量	(1)	(2)	(3)	(4)	(5)	(6)
FSI-Share Hold1$_{t-1}$		-0.0120^* (-1.76)				
FSI-Share Hold2$_{t-1}$			-0.6393^{***} (-3.60)			
D_(FSI_Dir)$_{t-1}$				-0.1380^* (-1.88)		
FSI_director$_{t-1}$					-1.8539^{**} (-2.03)	
D_FSI_CG$_{t-1}$						-0.2032^{**} (-2.13)
Big Share$_{t-1}$	-0.0003 (-0.07)	0.0019 (0.38)	-0.0009 (-0.18)	-0.0025 (-0.50)	-0.0004 (-0.08)	0.0017 (0.62)
Ind Directors$_{t-1}$	-0.0088 (-0.02)	-0.0687 (-0.15)	-0.0933 (-0.21)	-0.0486 (-0.11)	-0.0058 (-0.01)	1.3337^{***} (3.14)
Board Size$_{t-1}$	0.3323 (1.48)	0.3825^* (1.65)	0.3429 (1.52)	0.3946^* (1.70)	0.3322 (1.42)	-0.0798 (-0.46)
Dual$_{t-1}$	-0.0405 (-0.39)	-0.0846 (-0.79)	-0.0714 (-0.69)	-0.0989 (-0.92)	-0.0682 (-0.64)	-0.0595 (-0.80)
CEO Age$_{t-1}$	-2.4989^{***} (-3.44)	-2.7288^{***} (-5.60)	-2.2293^{***} (-4.50)	-2.8283^{***} (-5.89)	-2.5944^{***} (-5.27)	-0.1910 (-0.49)
Asset$_{t-1}$	-0.1602^* (-1.89)	-0.1536^* (-1.74)	-0.1399^* (-1.86)	-0.1792^{**} (-1.99)	-0.1437^* (-1.65)	0.0170 (0.52)
CAR$_{t-1}$	0.0075 (0.87)	0.0082 (0.92)	0.0085 (0.97)	0.0078 (0.87)	0.0092 (1.03)	-0.0112 (-0.29)
NPL$_{t-1}$	-0.0052 (-0.17)	-0.0032 (-0.10)	-0.0007 (-0.02)	-0.0085 (-0.26)	-0.0158 (-0.47)	-0.0146 (-1.35)
截距项	11.9815^{***} (5.73)	12.4031^{***} (5.70)	10.6159^{***} (4.88)	12.8711^{***} (5.96)	11.8668^{***} (5.42)	1.8086 (1.24)
年份虚拟变量	Yes	Yes	Yes	Yes	Yes	Yes
R^2	0.3390	0.2896	0.3324	0.2858	0.2987	0.0270
F 值	5.48^{***}	4.36^{***}	5.32^{***}	4.28^{***}	4.55^{***}	1.42
银行一年样本数	240	240	240	240	240	240

注：①括号内为 t 值；② *** 表示 1% 水平上显著；** 表示 5% 水平上显著；* 表示 10% 水平上显著。

分析表 5.7 中银行财务状况控制变量的回归结果，可以发现 Asset 系数显著为负，因此说明，规模越大的银行，高管攫取非正常利润越少，这可能是由于大银行高管的正常薪酬水平本身就高于小银行所致。CAR 和 NPL 的系数均不显著，因此，银行的资本充足率和不良贷款率对高管非正常薪酬的影响相对较小。

我们还对不同类型的银行进行了对比分析，境外战略投资者对全国股份制商业银行高管在非正常薪酬水平回归结果如表 5.8 所示，境外战略投资者对城市商业银行高管非正常薪酬水平回归结果如表 5.9 所示，回归方法为混合最小二乘法。全国股份制商业银行境外战略投资者的回归系数中，只有 D_FSI、FSI-Share Hold2、D_FSI_CG 的系数显著为负，说明引入境外战略投资者且境外战略投资者与大股东抗衡能力越强时，以及境外战略投资者向合作商业银行提供公司治理经验时会有效地约束高管的非正常薪酬水平，而境外战略投资者向董事会中派驻外资董事，对高管薪酬的约束相对有限。城市商业银行境外战略投资者的回归系数中，只有 FSI-Share Hold1、FSI-Share Hold2、FSI_director、D_FSI_CG 的系数显著为负，说明境外战略投资者持股比例越高、与大股东抗衡能力越强、派驻外资董事的占比越大，以及境外战略投资者向合作商业银行提供公司治理经验时，越能有效制约高管的非正常薪酬水平，而 D_FSI 和 D_（FSI_Dir）的系数并不显著，因此，城市商业银行仅仅引入境外战略投资者无法对高管产生明显的约束作用，只有当境外战略投资者对城商行的参与程度足够高时，才能起到明显的监督和约束作用，缓解委托代理问题。

表 5.8　境外战略投资者影响全国股份制商业银行高管非正常薪酬的回归结果

解释变量	全国股份制商业银行 (Shared ComB = 1)					
	（1）	（2）	（3）	（4）	（5）	（6）
ΔRoa_{t-1}	0.1832 (0.63)	−0.2413 (−1.58)	−0.2315 (−1.38)	−0.1169 (−0.65)	−0.2464 (−1.59)	0.2127 (0.63)
ΔRoa_t	−0.2119 (−0.56)	−0.5595*** (−3.15)	−0.5438*** (−2.94)	−0.4792** (−2.19)	−0.5607*** (−3.12)	−0.2061 (−0.47)
D_FSI_{t-1}	−0.3427** (−1.98)					

续表

解释变量	全国股份制商业银行 (Shared ComB = 1)					
	(1)	(2)	(3)	(4)	(5)	(6)
FSI-Share Hold1$_{t-1}$		-0.0100 (-1.03)				
FSI-Share Hold2$_{t-1}$			-0.7066 ** (-2.07)			
D_(FSI_Dir)$_{t-1}$				0.1072 (0.69)		
FSI_director$_{t-1}$					-0.9382 (-0.88)	
D_FSI_CG$_{t-1}$						-0.2785 ** (-2.51)
Big Share$_{t-1}$	0.0041 (0.79)	-0.0044 (-0.75)	-0.0059 (-0.93)	-0.0019 (-0.32)	-0.0045 (-0.77)	0.0051 (0.97)
Ind Directors$_{t-1}$	2.2351 * (1.69)	0.4247 (0.42)	0.5804 (0.54)	1.3805 (1.14)	0.4341 (0.42)	3.1237 ** (2.14)
Board Size$_{t-1}$	0.4424 (0.50)	0.3066 (0.52)	0.0968 (0.15)	0.2003 (0.28)	0.2956 (0.49)	0.2517 (0.27)
Dual$_{t-1}$	-0.4353 ** (-2.38)	-0.0144 (-0.06)	0.2774 (1.03)	-0.3442 (-1.59)	-0.0336 (-0.15)	-0.3774 ** (-2.03)
CEO Age$_{t-1}$	-0.5415 (-0.54)	-7.2816 *** (-8.68)	-6.7117 *** (-6.50)	-5.5831 *** (-6.05)	-7.0912 *** (-8.26)	0.2259 (0.22)
Asset$_{t-1}$	0.0541 (0.59)	0.1504 (0.88)	0.2028 (0.78)	0.1495 (1.28)	0.1319 (0.80)	0.0095 (0.10)
CAR$_{t-1}$	0.0129 (0.28)	0.0350 (1.49)	0.0315 (1.25)	0.0252 (0.89)	0.0339 (1.43)	0.0825 (0.95)
NPL$_{t-1}$	0.0843 (1.08)	-0.0847 ** (-2.13)	0.0656 (1.54)	0.0858 * (1.75)	0.0920 ** (2.22)	0.0107 (0.21)
截距项	0.4530 (0.10)	26.5344 *** (6.50)	24.4165 *** (4.70)	19.7581 *** (4.66)	26.0461 *** (6.41)	-1.8296 (-0.39)

续表

解释变量	全国股份制商业银行 （Shared ComB = 1）					
	（1）	（2）	（3）	（4）	（5）	（6）
年份虚拟变量	Yes	Yes	Yes	Yes	Yes	Yes
R^2	0.2407	0.2368	0.2717	0.2121	0.2123	0.0647
F 值	9.60***	9.31***	10.26***	9.61***	9.65***	9.38***
银行—年样本数	88	88	88	88	88	88

注：①括号内为 t 值；② *** 表示1%水平上显著；** 表示5%水平上显著；* 表示10%水平上显著。

表 5.9　境外战略投资者影响城市商业银行高管非正常薪酬的回归结果

解释变量	城市商业银行 （City ComB = 1）					
	（1）	（2）	（3）	（4）	（5）	（6）
ΔRoa_{t-1}	−0.0933 （−1.55）	−0.1003* （−1.68）	−0.1036* （−1.71）	−0.0933 （−1.55）	−0.0878 （−1.06）	−0.0942 （−1.10）
ΔRoa_t	−0.0446 （−0.55）	−0.0377 （−0.45）	−0.0433 （−0.52）	−0.0447 （−0.55）	−0.0500 （−0.48）	−0.0488 （−0.45）
D_FSI_{t-1}	−0.3726 （−0.08）					
$FSI\text{-}Share\ Hold1_{t-1}$		−0.0334** （−2.29）				
$FSI\text{-}Share\ Hold2_{t-1}$			−0.3224*** （−2.68）			
$D\_(FSI\_Dir)_{t-1}$				−0.4243 （−0.76）		
$FSI\_director_{t-1}$					−0.7064* （−1.72）	
$D\_FSI\_CG_{t-1}$						−0.0706* （−1.64）
$Big\ Share_{t-1}$	−0.0123*** （−2.96）	0.0007 （0.10）	−0.0039 （−0.63）	−0.0100** （−2.15）	−0.0034 （−0.54）	−0.0052 （−1.20）

续表

解释变量	城市商业银行 （City ComB = 1）					
	（1）	（2）	（3）	（4）	（5）	（6）
Ind Directors$_{t-1}$	0.4552 (1.34)	−0.0076 (−0.02)	−0.0973 (−0.23)	0.3997 (1.16)	0.0644 (0.15)	0.7929 ** (2.17)
Board Size$_{t-1}$	0.0451 (0.33)	0.2772 (1.37)	0.3001 (1.47)	0.1484 (0.94)	0.2720 (1.31)	−0.0175 (−0.12)
Dual$_{t-1}$	0.0881 (1.30)	−0.0796 (−0.86)	−0.0846 (−0.90)	0.0031 (0.04)	−0.0769 (−0.82)	0.0900 (1.24)
CEO Age$_{t-1}$	−0.1264 (−0.37)	−0.3513 (−0.73)	−0.4994 (−1.04)	−0.3045 (−0.83)	−0.5079 (−0.99)	−0.2520 (−0.69)
Asset$_{t-1}$	−0.1856 *** (−3.74)	−0.3277 *** (−3.86)	−0.3133 *** (−3.66)	−0.2261 *** (−3.57)	−0.3091 *** (−3.58)	−0.0544 (−1.10)
CAR$_{t-1}$	−0.0233 *** (−2.65)	−0.0070 (−0.85)	−0.0062 (−0.75)	−0.0095 (−1.19)	−0.0057 (−0.68)	−0.0371 (−0.77)
NPL$_{t-1}$	−0.0645 * (−1.68)	−0.1223 ** (−2.28)	−0.0875 * (−1.69)	−0.0815 * (−1.80)	−0.0837 * (−1.61)	−0.0122 (−1.28)
截距项	3.8365 *** (2.93)	5.6411 *** (2.92)	5.8761 *** (3.00)	4.4836 *** (3.08)	5.8507 *** (2.83)	3.0700 ** (2.24)
年份虚拟变量	Yes	Yes	Yes	Yes	Yes	Yes
R^2	0.1881	0.2030	0.2615	0.2079	0.1930	0.0407
F 值	2.95 ***	2.15 ***	2.19 ***	2.21 ***	2.02 **	1.40
银行—年样本数	152	152	152	152	152	152

注：①括号内为 t 值；② *** 表示 1% 水平上显著；** 表示 5% 水平上显著；* 表示 10% 水平上显著。

5.3.3　境外战略投资者的变化对银行高管非正常薪酬的影响

以上实证分析从静态的角度研究了境外战略投资者的相关指标水平对高

管非正常薪酬水平的影响，在现实中，衡量境外战略投资者的变量存在着动态变化，例如，中国银行的境外战略投资者总持股比例从 2005 年的 14.45% 减至 2011 年的 0.3%，外资董事的人数也从 2005 年的 2 个减至 2011 年的 0；西安商业银行的境外战略投资者总持股比例从 2006 年的 7.71% 增至 2011 年的 18.1%，但外资董事人数并无变化，等等。因此，对于银行来讲，衡量境外战略投资者的变量并不是维持在固定水平，我们有必要研究其动态变化对银行高管非正常薪酬的影响，更全面地考察境外战略投资者参与公司治理的效应。詹森和墨菲（Jensen & Murphy，1990a）也曾指出，由于多重共线性在企业层面实证研究中的广泛存在，用薪酬和绩效的变动来研究薪酬绩效关系可以在一定程度上消除掉噪声，是一种较好的研究方法。为达到这一目的，我们构建了以下实证模型：

$$
\begin{aligned}
\text{Comp\_NonRegular}_{i,2010} - \text{Comp\_NonRegular}_{i,2007} = {} & \alpha_0 + \beta_1 (Z_{i,2010} - Z_{i,2007}) \\
& + \beta_2 \Delta \text{Roa}_{i,2010} + \beta_3 \Delta \text{Roa}_{i,2009} \\
& + \beta_4 \Delta \text{Roa}_{i,2008} + \varepsilon_{it}
\end{aligned}
$$

我们还是选择 Z = FSI-Share Hold1、FSI_director、FSI-Share Hold2，回归结果如表 5.10 所示。第（1）列考察了 2007 ~ 2010 年银行境外战略投资者持股比例变化对高管非正常薪酬水平的影响，回归系数为 1.24，显著为负，因此，当境外战略投资者持股比例的增量每提高 1% 时，银行高管非正常薪酬水平会降低 1.24%，说明当境外战略投资者的持股变化越大时，对银行高管非正常薪酬水平的影响越强。第（2）列考察了银行境外战略投资者与第一大股东持股比例变化对高管非正常薪酬的影响，回归系数为 0.52，显著为负，因此，当境外战略投资者持股比例的增量每提高 1% 时，银行高管非正常薪酬水平会平均降低 0.52%，说明当境外战略投资者与大股东的制衡格局变化越大时，越有意愿监督并约束高管对非正常薪酬的攫取，缓解委托代理问题。第（3）列考察了银行境外战略投资者派驻董事比例变化对高管非正常薪酬水平的影响，回归系数为 1.61，显著为负，因此，当境外战略投资者派驻董事比例的增量每提高 1% 时，银行高管非正常薪酬水平会平均降低 1.61%，说明当境外战略投资者董事在董事会中占比变化越大时，越能有效抑制约束银行高管对隐性薪酬水平的攫取行为。

表 5.10　　境外战略投资者的变化对高管非正常薪酬水平影响的回归结果

解释变量	（1）	（2）	（3）
FSI-Share Hold1$_{2010}$-FSI-Share Hold1$_{2007}$	-1.2390 *** （-3.78）		
FSI-Share Hold2$_{2010}$-FSI-Share Hold2$_{2007}$		-0.5238 *** （-3.55）	
FSI_director$_{2010}$-FSI_director$_{2007}$			-1.6147 *** （-3.94）
ΔRoa$_{2010}$	1.0426 （1.66）	1.3785 （0.79）	0.7854 （0.98）
ΔRoa$_{2009}$	-2.1352 ** （-1.99）	-2.5921 ** （-2.08）	-2.7668 *** （-3.66）
ΔRoa$_{2008}$	-1.8053 （-1.08）	-3.5737 （-1.56）	-2.3465 （-1.21）
截距项	-0.4565 （-1.24）	-0.5740 （-1.61）	-0.6575 （-1.04）
R^2	0.4500	0.3645	0.4633
F 值	7.73 ***	8.84 ***	9.01 ***
银行—年样本数	22	22	22

注：①括号内为 t 值；② *** 表示 1% 水平上显著；** 表示 5% 水平上显著；* 表示 10% 水平上显著。

5.4　稳健性检验

　　基于前面的分析，本节也考虑了内生性问题所引致的回归偏误，我们同样利用第 4 章中处理内生性问题的方法进行了实证回归分析，实证发现回归结果并没有发生显著的改变。同时也采用不同的模型回归估计方法进行了一系列的稳健性检验，实证发现回归结果也没有发生较大的改变。但限于篇幅较大，此节中并没有详细列出。

5.5 本章小结

　　本章主要探讨了境外战略投资者对银行高管隐性薪酬的约束作用。我们首先从银行高管在职消费的角度，考察了境外战略投资者对银行高管隐性薪酬的约束作用。实证结果表明，境外战略投资者的引入确实在一定程度上降低了银行高管的在职消费，增加了对高管隐性薪酬的约束，说明境外战略投资者可以有效地起到监督约束作用。其次本章还从高管非正常薪酬水平的角度，考察了境外战略投资者对银行高管隐性薪酬的约束作用。实证结果表明，境外战略投资者的引入确实在一定程度上降低了银行高管的非正常薪酬水平，增加了对高管的约束，降低了银行高管利用权力攫取高额薪酬的行为，说明境外战略投资者可以有效地起到监督约束作用，促使银行制定更具约束力的薪酬机制，改善委托代理问题，降低高管对银行利益的私自侵占。

第6章 境外战略投资者影响高管薪酬契约的经济后果

根据第4章和第5章的实证分析，境外战略投资者对银行的薪酬契约会产生显著影响。一方面，境外战略投资者可以提升银行高管层薪酬绩效敏感度和薪酬水平，促使银行制定更为透明合理的薪酬机制，提升高管薪酬契约的激励性；另一方面，境外战略投资者可以削减银行高管的在职消费和非正常薪酬水平，降低高管的权力寻租行为，抑制银行高管隐性薪酬。因此，境外战略投资者会对银行高管薪酬契约带来多重影响，银行高管面临薪酬的变化会做出反应，进而会影响高管行为和决策，进一步会对银行的经济后果产生影响。

本章主要通过实证研究来探讨境外战略投资者影响银行高管薪酬契约的经济后果。本章首先检验了境外战略投资者对银行高管层盈余管理行为的影响，考察当薪酬激励性增强后，高管是否会加大盈余管理行为，以及境外战略投资者是否会对高管层的盈余管理倾向进行约束。其次检验了境外战略投资者改变银行高管薪酬契约的激励性和约束性后，是否会导致银行经营绩效变化。最后检验了境外战略投资者对银行风险承担水平的影响，考察高管层是否会出于最大化自身薪酬的目的改变风险偏好，进而影响银行整体的风险水平。

6.1 薪酬契约变化对盈余管理行为的影响分析

6.1.1 问题的提出与理论分析

设计再完美的薪酬激励机制也未必能使管理者一定会采取使股东利益最

大化的决策行为。境外战略投资者能够增强银行薪酬绩效的敏感度，激励高管层努力工作。但激励既是解决委托代理问题的一种途径，同时也是委托代理问题的一个来源（Jensen & Murphy，2004）。由于信息不对称和监督成本的存在，股东往往只能根据盈余水平来决定高管层的薪酬，高管层能否领取薪酬以及薪酬的多少主要取决于企业年末盈余水平，从而不可避免地使高管层产生了通过选择、变更会计政策或操纵应计利润项目来获取最大薪酬水平的动机（Lambert，1984；Healy，1985；Gaver et al.，1995；王克敏等，2007；Cornett et al.，2008；朱星文等，2008；周晖等，2010）。科内特等（Cornett et al.，2009）研究发现，薪酬绩效敏感度较高的银行往往有着更高的盈余水平，表明银行股东有效激励了高管层，但同时也发现薪酬绩效敏感度与银行盈余管理程度显著正相关，说明了银行高管会管理盈余以最大化其薪酬水平，银行高管层存在着基于薪酬激励契约的盈余管理动机。

正如弗鲁姆（Vroom，1964）所强调，一种行为倾向的强度取决个体对于这种行为可能带来的结果的期望强度，以及这种结果对行为者的吸引力。具体而言，高管层往往较企业所有者处于信息优势地位，驱使其通过操纵财务报表中的盈余信息，使其向有利于自身利益最大化的方向调整。因此，信息不对称以及监督成本的存在，使激励契约赋予了高管层通过盈余管理行为实现自身私利收益最大化的空间和能力，即高管薪酬诱发盈余管理行为成为高管层——"经济人"自利行为的必然结果。在高管层控制权缺少约束的低水平公司治理机制中，使高管层有机会和动机操纵薪酬契约的安排以实现自身私利收益最大化。但如果境外战略投资者能够预计到高管层在薪酬激励性增强下的盈余管理动机，那么则有可能采取相应治理措施，对高管层的盈余管理行为加以约束，使盈余水平客观地反映银行的经营绩效。

机构投资者作为外部股东积极参与公司治理，是外部机构股东对企业高管层"内部人"行为的一种监督约束机制，能有效约束和监督高管层"内部人"的机会主义行为，缓解委托代理问题。吉兰和斯塔克斯（Gillan & Starks，2003）专门对机构投资者持股与公司治理效应进行了系统性研究，他们把机构投资者分为境外机构投资者和境内机构投资者两大类，发现相对于境内机构投资者来说，仅有投资关系的境外机构投资者通常能够坚持自己的投资理念，不受短期目标影响，着眼于长期回报，更愿意去采取股东积极主义，有动机参与公司治理、监督管理层，改善企业公司治理结构；而那些境内机构投资者由于和企业存在业务联系，在参与公司治理时往往更愿意采取中庸或者支持现任高管层的态度，公司治理水平无法提高。费雷拉和马托（Ferreira & Matos，2008）发现，境外独立机构投资者对企业价值有着显著的正影响，而对境内灰色机构投资者来说，对企业价值的正影响是不显著的。此外，费雷拉等（Ferreira et al.，2010）和阿加沃尔等（Aggarwal et al.，2011）都发现，境外机构投资者和公司决策有着重要的联系，例如公司更换高管、公司重大并购、资本融资行为等。

另外，绝大部分已有研究认为，境外战略投资者的引入可以强化中资银行的股权约束，增强内生权力的基础和刚性，从而改善银行的公司治理结构，境外战略投资者能通过"用手投票"的方式来监督和约束银行管理层，降低银行管理层的控制权私人收益行为，从而提高银行的信息披露质量（田国强和王一江，2004；蔡卫星和曾诚，2011；Wu et al.，2012；梁琪等，2012）。但也有少数文献持相反观点，认为境外战略投资者充当了财务投资者的角色，不会积极采取措施改善银行的公司治理结构，也不能有效约束和监督银行管理层的行为（占硕，2005；Lin & Zhang，2008）。

综上所述，当境外战略投资者提升了银行高管层薪酬契约的激励性之后，银行高管层的盈余管理动机会增强。但盈余管理的行为会受到公司治理水平等方面的制约，当境外战略投资者有动机和能力积极参与银行治理时，有可能也会通过改善公司治理整体水平进而抑制盈余管理。那么，本部分将实证检验银行高管是否存在着基于显性薪酬契约的盈余管理行为，并对境外战略投资者对银行高管盈余管理行为的影响进行实证分析。

6.1.2　基于薪酬敏感度诱使银行高管层盈余管理行为的实证检验

6.1.2.1　实证模型设计

考察薪酬敏感度对高管层盈余管理行为影响时，我们参考已有文献的做法，分别用利润水平对贷款损失准备以及可操纵的贷款损失准备的影响进行衡量。如果当利润水平越高、计提的贷款损失准备额越大时，有可能银行存在着平滑盈余行为。当这种关联会受到薪酬绩效敏感度的正向影响时，则说明银行高管会出于稳定薪酬的考虑进行平滑盈余操作。根据上述研究思路，设计以下实证模型。

（1）薪酬绩效敏感度对贷款损失准备水平影响的实证模型。

本部分参照比弗和恩格尔（Beaver & Engel，1996）和艾哈迈德等

（Ahmed et al.，1999），采用下述实证模型来分析薪酬敏感度对银行盈余管理行为的影响，即：

$$LLP_{it} = \alpha_0 + (\beta_1 + \beta_2 PPS_{it}) * EBTP_{it} + \beta_3 CAR_{it} + \beta_4 NPL_{it} + \beta_5 Chargeoff_{it}$$
$$+ \beta_6 Loan\ Growth_{it} + \sum \beta_y\ year\ dummy\ variables_t + \varepsilon_{it} \quad (6.1)$$

其中，LLP 为商业银行当年计提的贷款损失准备（loan loss provisions），计算公式为当期计提贷款损失准备/期初贷款总额。EBTP 为期末税和贷款损失准备前利润（earnings before taxes and loan loss provisions）。LLP 作为被解释变量，EBTP 为解释变量，通过实证得到的两者间的正负关系，来考察薪酬绩效敏感度是否会引致银行高管层的平滑盈余行为。LLP 的平均值和中位数分别为 0.96% 和 0.83%，而最大值和最小值则分别为 3.27% 和 0，商业银行计提贷款损失准备存在较大差异。EBTP 的平均值为 4.07%，表明中资银行整体性盈利水平较高，最小值为 1.69%，最大值为 7.78%，表明我国银行盈利水平波动较大。LLP 占 EBTP 比例，经计算其中位数为 20%，贷款损失准备对银行税前利润影响较大，也从侧面说明了银行可能通过贷款损失准备手段来平滑盈余。

估计系数 β_1 检验了银行是否存在平滑盈余行为，如果 β_1 显著为正，则表明银行存在平滑盈余行为；如果 β_1 不显著，则表明银行不存在平滑盈余行为。而估计系数 β_2 检验了薪酬绩效敏感度能否引致银行高管层的平滑盈余行为，如果 β_2 显著为正，则表明银行高管层存在着基于薪酬激励契约的平滑盈余行为；如果不显著，则表明不存在薪酬激励动机的平滑盈余行为。控制变量 CAR、NPL 定义同前，还加入了影响银行计提贷款损失准备的重要因素净核销贷款呆账（Chargeoff）[①]、贷款增长率（Loan Growth）[②]。

（2）薪酬绩效敏感度对可操纵性贷款损失准备影响的实证模型。

我们也实证分析了薪酬绩效敏感度对高管可操纵性贷款损失准备额的影响。具体步骤如下。

第一步，参照比蒂等（Beatty et al.，2002）和科内特等（Cornnet et al.，2009）的研究方法，构建实证模型拟合贷款损失准备额，设定以下模型，回归贷款损失准备与一系列相关的解释变量，即：

---

① 净核销贷款呆账计算定义为当期净核销贷款呆账/期初贷款总额。
② 贷款增长率计算定义为：（期末贷款总额 − 期初贷款总额）/期初贷款总额。

$$\text{LLP}_{it} = \alpha_0 + \beta_1 \text{Asset}_{it} + \beta_2 \text{NPL}_{it} + \beta_3 \text{Chargeoff}_{it}$$
$$+ \beta_4 \text{Loan Growth}_{it} + \varepsilon_{it} \tag{6.2}$$

第二步，得到回归系数之后，可以估计得到不可操纵的贷款损失准备额，然后用实际贷款损失准备减去不可操纵的贷款损失准备即为可操纵性的贷款损失准备 DLLP。DLLP 的最大值和最小值分别为 3.88% 和 −2.91%，可操纵的贷款损失准备差异较大。

第三步，实证分析薪酬绩效敏感度对可操纵性的贷款损失准备 DLLP 的影响，来考察银行是否存在基于薪酬激励契约的盈余管理行为，实证模型如下：

$$\text{DLLP}_{it} = \alpha_0 + \beta_1 \text{PPS}_{it} + \beta_2 \text{Big Share}_{i,t-1} + \beta_3 \text{Ind Directors}_{i,t-1}$$
$$+ \beta_4 \text{Board Size}_{i,t-1} + \beta_5 \text{Dual}_{i,t-1} + \beta_6 \text{CEO Age}_{i,t-1} + \beta_7 \text{Asset}_{i,t-1}$$
$$+ \beta_8 \Delta \text{NPL}_{i,t} + \beta_9 \text{CAR}_{i,t-1} + \beta_{10} \text{Loan Growth}_{i,t}$$
$$+ \sum \beta_y \text{ year dummy variables}_t + \varepsilon_{it} \tag{6.3}$$

其中，估计系数 β_1 检验了薪酬绩效敏感度对平滑盈余行为的影响，如果 β_1 显著为正，则表明银行高管会基于薪酬考虑进行盈余管理行为。

6.1.2.2　实证回归结果分析

（1）薪酬绩效敏感度对贷款损失准备水平影响的回归结果分析。

为检验薪酬绩效敏感度对贷款损失准备的影响，采用混合最小二乘法回归，结果如表 6.1 所示。其中，第（1）列对应的是全样本银行，第（2）列对应的是全国股份制商业银行，第（3）列对应的是城市商业银行的样本。结果显示，对于全样本银行和城市商业银行，EBTP_t 系数都显著为正，表明全样本银行和城市商业银行都存在着平滑盈余行为。全国股份制商业银行 EBTP_t 系数为正，但不显著，表明全国股份制商业银行不存在明显的平滑盈余行为。同时，第（1）~第（3）列的 $\text{EBTP}_t \times \text{PPS}_t$ 的系数都显著为正，表明不管是股份制商业银行还是城市商业银行，都存在着基于薪酬绩效敏感度的平滑盈余行为。

此外，我们也按照 PPS 进行了分组回归，进一步探讨薪酬绩效敏感度对于盈余管理行为的影响，结果如表 6.1 的第（4）~第（5）列所示。其中，第（4）列对应的是 PPS 大于中位数的银行样本，第（5）列对应的是 PPS 小于中位数的银行样本。分组回归结果显示，第（4）列对应的是 $\text{EBTP}_t \times \text{PPS}_t$ 的系数是显著为正的，第（5）列对应的是 $\text{EBTP}_t \times \text{PPS}_t$ 的系数并不显著。因此，对于薪酬绩效敏感度高的银行，会存在薪酬激励性越强，高管层平滑盈余行为越严重的现象，而我们并没有在薪酬绩效敏感度差的银行发现平滑盈余行为，验证了中资银行高管层存在着基于薪酬激励契约的盈余管理行为。

表 6.1   薪酬绩效敏感度诱使银行平滑盈余行为的实证检验

解释变量	全样本银行	全国股份商业银行 （Shared ComB = 1）	城市商业银行 （City ComB = 1）	PPS > 0.6	PPS < 0.6
	（1）	（2）	（3）	（4）	（5）
$EBTP_t$	0.0880 *** （9.27）	0.0714 （1.61）	0.0993 *** （7.95）	0.0557 ** （1.96）	0.0820 （1.62）
$EBTP_t × PPS_t$	0.0020 ** （2.35）	0.0043 * （1.78）	0.0019 ** （2.16）	0.0066 *** （2.67）	0.0015 （0.88）
CAR_t	0.0001 （0.72）	− 0.0001 （− 0.51）	0.0001 （0.42）	0.0002 * （1.66）	− 0.0000 （− 0.11）
$Chargeoff_t$	0.0392 *** （7.18）	0.0579 *** （2.66）	− 0.1265 （− 1.16）	0.0504 ** （2.03）	0.0760 （0.47）
NPL_t	0.0015 *** （4.69）	0.0007 ** （2.00）	0.0033 *** （5.07）	0.0008 ** （2.00）	0.0021 *** （3.93）
$Loan\ Growth_t$	0.0039 *** （7.87）	0.0083 *** （2.89）	0.0036 *** （6.26）	− 0.0005 （− 0.36）	0.0049 *** （7.66）
截距项	− 0.0005 *** （− 0.36）	0.0027 （0.84）	− 0.0029 （− 1.53）	0.0016 （0.73）	− 0.0005 （− 0.24）
年份虚拟变量	Yes	Yes	Yes	Yes	Yes
R^2	0.7865	0.1908	0.8482	0.2136	0.9129
F 值	127.08 ***	3.06 ***	113.66 ***	4.57 ***	172.88 ***
银行—年样本数	214	85	129	108	106

注：①括号内为 t 值；② *** 表示 1% 水平上显著；** 表示 5% 水平上显著；* 表示 10% 水平上显著。

（2）薪酬绩效敏感度对可操纵性贷款损失准备影响的回归结果分析。

为检验薪酬绩效敏感度对可操纵性的贷款损失准备额（DLLP）的影响，采用混合最小二乘法回归，结果如表 6.2 所示。其中，第（1）列对应的是全样本银行，第（2）列对应的是全国股份制商业银行，第（3）列对应的是城市商业银行。第（1）~第（3）列的 PPS 的系数都显著为正，证明薪酬绩效敏感度越高，银行高管层的可操纵性贷款损失准备额也越高，表明了我国商业银行高管层确实存在着基于薪酬激励契约的盈余管理行为。

表 6.2　　薪酬绩效敏感度影响可操纵性的贷款损失准备额（DLLP）的实证检验

解释变量	全样本银行	全国股份制商业银行（Shared ComB = 1）	城市商业银行（City ComB = 1）
	(1)	(2)	(3)
PPS_t	0.0001 **	0.0003 *	0.0001 **
	(2.18)	(1.66)	(2.32)
$Big\ Share_{t-1}$	− 0.0000	− 0.0000	0.0001
	(− 0.10)	(− 0.67)	(0.68)
$Ind\ Directors_{t-1}$	− 0.0006	0.0012	0.0053
	(− 0.12)	(0.11)	(0.72)
$Board\ Size_{t-1}$	0.0031	− 0.0030	0.0016
	(1.22)	(− 0.37)	(0.52)
$Dual_{t-1}$	− 0.0011	0.0008	− 0.0009
	(− 1.13)	(0.46)	(− 0.62)
$CEO\ Age_{t-1}$	0.0108 **	0.0025	0.0087
	(1.97)	(0.29)	(1.00)
$Asset_{t-1}$	0.0001	0.0002	0.0002
	(0.34)	(0.24)	(0.24)
ΔNPL_t	0.0011 **	− 0.0001	0.0035 ***
	(2.53)	(− 0.12)	(3.68)
CAR_{t-1}	0.0003 **	0.0001	0.0003 *
	(2.20)	(0.46)	(1.66)
$Loan\ Growth_t$	− 0.0000	− 0.0004	− 0.0000
	(− 0.01)	(− 0.08)	(− 0.05)
截距项	− 0.0576 ***	− 0.0055	− 0.0520
	(− 2.79)	(− 0.13)	(− 1.63)
年份虚拟变量	Yes	Yes	Yes
R^2	0.1051	0.0527	0.1782
F 值	2.34 **	1.98 **	2.47 **
银行—年样本数	210	85	125

注：①括号内为 t 值；②*** 表示 1% 水平上显著；** 表示 5% 水平上显著；* 表示 10% 水平上显著。

6.1.3　境外战略投资者对盈余管理影响的实证检验

上述实证检验结果说明，薪酬绩效敏感度提高后，银行盈余管理行为可

能会更为严重。要改变委托代理关系下基于盈余信息的薪酬激励契约带来的
"报酬尴尬",除了要在委托代理双方间建立一种利益分享、风险共担的激励
约束机制之外,还必须采取监管与惩罚等一系列方法来约束高管层行为,这
就需要通过股东、高管层与外部监督者三者之间的权力制衡方得以实现。在
前面理论分析中,我们提到当境外战略投资者积极参与银行治理时,或将抑
制银行高管层的盈余管理行为。接下来,通过对境外战略投资者参与公司治
理的程度进行分组回归检验,考察不同情况下境外战略投资者对银行高管层
盈余管理行为的具体影响。

（1）境外战略投资者对薪酬绩效敏感度影响贷款损失准备水平的作用
效果。

首先,考察银行有无境外战略投资者的盈余管理行为差异。表 6.3 是
将模型（6.1）以境外战略投资者是否进入进行分组的回归结果。其中,
第（1）列对应的是 D_FSI = 1 的样本,即境外战略投资者参股的银行,
第（2）列对应的是不存在境外战略投资者持股的银行,第（3）列对应
的是 D_(FSI_Dir) = 1 的样本,即境外战略投资者派驻了外资董事的银行,
第（4）列对应的是不存在境外战略投资者外资董事的银行。从结果可以看
出,第（2）列和第（4）列对应的 $EBTP_t \times PPS_t$ 的系数均显著为正,因此说
明,对于没有境外战略投资者参与的银行,其银行高管的薪酬绩效敏感度越
大,平滑盈余行为越严重。第（1）列和第（3）列对应的 $EBTP_t \times PPS_t$ 的系
数均不显著,则证明当境外战略投资者入股或参与银行董事会后,高管薪酬
敏感度的提升不会带来平滑盈余行为的显著增加,因此,境外战略投资者不
仅提高了银行高管薪酬敏感度,有效激励了银行高管层,同时还有效地约束
了高管层的平滑盈余行为,使银行的会计质量得到改善。因此,境外战略投
资者对银行高管起到了较好的激励和监督约束作用。

表 6.3   以境外战略投资者分组的薪酬敏感度对盈余管理影响的实证结果

解释变量	D_FSI = 1	D_FSI = 0	D_(FSI_Dir) = 1	D_(FSI_Dir) = 0
	（1）	（2）	（3）	（4）
$EBTP_t$	0.0551 ***	0.0996 **	0.0554 ***	0.1101 ***
	（5.94）	（2.49）	（5.79）	（2.85）
$EBTP_t \times PPS_t$	0.0013	0.0034 **	0.0011	0.0036 **
	（0.90）	（2.32）	（0.65）	（2.06）

续表

解释变量	D_FSI = 1	D_FSI = 0	D_(FSI_Dir) = 1	D_(FSI_Dir) = 0
	（1）	（2）	（3）	（4）
CAR$_t$	− 0. 0001	0. 0004 **	− 0. 0000	0. 0003 *
	（− 0. 64）	（2. 57）	（− 0. 34）	（1. 92）
Chargeoff$_t$	0. 4751 ***	0. 0013	0. 4855 ***	− 0. 0189
	（7. 18）	（0. 05）	（7. 30）	（− 0. 75）
NPL$_t$	0. 0007 **	0. 0027 ***	0. 0005 **	0. 0039 ***
	（2. 27）	（5. 02）	（1. 98）	（5. 91）
Loan Growth$_t$	0. 0058 ***	− 0. 0014	0. 0058 ***	− 0. 0015
	（13. 75）	（− 0. 97）	（13. 65）	（− 1. 08）
截距项	0. 0026 *	− 0. 0051 **	0. 0023	− 0. 0057 **
	（1. 70）	（− 2. 13）	（1. 47）	（− 2. 44）
年份虚拟变量	Yes	Yes	Yes	Yes
R^2	0. 9393	0. 2938	0. 9414	0. 3448
F 值	250. 39 ***	7. 14 ***	249. 03 ***	9. 39 ***
银行一年样本数	104	110	100	114

注：①括号内为 t 值；② *** 表示 1% 水平上显著；** 表示 5% 水平上显著；* 表示 10% 水平上显著。

其次，根据境外战略投资者的参与程度进行异质性检验。在模型（6.1）的基础上加入代表境外战略投资者参与程度的变量 Z，构建以下回归方程：

$$LLP_{it} = \alpha_0 + (\beta_1 + \beta_2 Z_{it-1}) \times EBTP_{it} + \beta_3 CAR_{it} + \beta_4 NPL_{it} + \beta_5 Chargeoff_{it}$$
$$+ \beta_6 Loan\ Growth_{it} + \sum \beta_y\ year\ dummy\ variables_t + \varepsilon_{it}$$

第一，检验境外战略投资者是否持股和持股比例对银行平滑盈余行为的影响，分别取 Z 为 D_FSI 以及 FSI-Share Hold1，回归结果如表 6.4 所示。在全样本银行回归中，第（1）~第（2）列 EBTP 的回归系数都显著为正，表明银行存在通过贷款损失准备手段平滑盈余的行为。第（1）列中 D_FSI ×EBTP 的回归系数显著为负，表明境外战略投资者持股会减少银行的平滑盈余行为。第（2）列中 FSI-Share Hold1 ×EBTP 的回归系数显著为负，表明境外战略投资者持股比例越高，越能有效抑制银行平滑盈余行为。前面分析提到，银行所有权结构的差异会影响境外战略投资者的公司治理效果，从而影响不同所有权银行的平滑盈余行为，本书通过第（3）～第（7）列进行对比分析。第（3）～第（4）列是对国有控股商业银行样本回归的结果，我们看到，EBTP 的回归系数都显著为正，表明国有控股商业银行存在平滑盈余行为。第（3）列中 D_FSI ×EBTP 和第（4）列中 FSI-Share Hold1 ×EBTP 的回归系数为负，但不显著，表明境外战略投资者持股和持股比例不能有效抑制国有控股商业银行的平滑盈余行为。第（5）列是对非国有股份制商业银行样本回归的结果，EBTP 的回归系数为正，但不显著，表明非国有股份制商业银行不存在平滑盈余行为。既然非国有股份制商业银行不存在平滑盈余行为，本书也就没必要再探究境外战略投资者对其平滑盈余行为的影响。第（6）～第（7）列是对城市商业银行样本回归的结果，EBTP 的回归系数都显著为正，表明城市商业银行存在平滑盈余行为；而且第（6）列中 D_FSI ×EBTP 和第（7）列中 FSI-Share Hold1 ×EBTP 的回归系数都显著为负，表明境外战略投资者持股和持股比例都能抑制城市商业银行平滑盈余行为。

表 6.4　境外战略投资者持股情况对银行平滑盈余行为影响的回归结果

解释变量	全国股份制商业银行[①]（Shared ComB = 1）					城市商业银行（City ComB = 1）	
	全样本银行		国有控股银行		非国有股份制商业银行[②]	城市商业银行（City ComB = 1）	
	（1）	（2）	（3）	（4）	（5）	（6）	（7）
$EBTP_t$	0. 1090 *** （2. 84）	0. 1072 *** （2. 78）	0. 2184 * （2. 08）	0. 2212 ** （2. 18）	0. 0608 （0. 74）	0. 0979 ** （2. 34）	0. 0961 ** （2. 30）
$D\_FSI_{t-1} \times EBTP_t$	− 0. 0576 *** （− 3. 06）		− 0. 0089 （− 0. 30）			− 0. 0571 ** （− 2. 32）	
FSI-Share $Hold1_{t-1} \times EBTP_t$		− 0. 2680 ** （− 2. 54）		− 0. 1905 （− 0. 68）			− 0. 4048 ** （− 2. 21）
CAR_t	− 0. 0161 （− 1. 25）	− 0. 0170 （− 1. 31）	− 0. 0718 （− 1. 40）	− 0. 0725 （− 1. 46）	− 0. 0018 （− 0. 07）	− 0. 0133 （− 0. 85）	− 0. 0139 （− 0. 89）

---

①　我们也将国有控股商业银行并入全国股份制样本中进行回归分析，回归结果显示不存在盈余管理行为，研究指出，非国有的全国股份制商业银行不存在盈余管理行为，因此，我们将国有"五大"行单独进行了测算。

②　非国有股份制商业银行是指除 5 家国有控股商业银行的另外 12 家股份制商业银行。

解释变量	全国股份制商业银行 （Shared ComB = 1）					城市商业银行 （City ComB = 1）	
	全样本银行		国有控股银行		非国有股份制 商业银行		
	（1）	（2）	（3）	（4）	（5）	（6）	（7）
NPL_t	0.0322 *** （2.60）	0.0337 *** （2.71）	0.1191 （1.68）	0.1258 * （1.85）	0.0545 （1.62）	0.0183 （1.38）	0.0190 （1.44）
$Chargeoff_t$	0.0823 *** （2.98）	0.0842 *** （3.04）	0.0185 （1.23）	0.0174 （1.16）	0.3032 * （1.73）	0.4882 *** （6.88）	0.4829 *** （6.80）
$Loan\ Growth_t$	− 0.0031 （− 1.02）	− 0.0029 （− 0.96）	0.0032 （0.50）	0.0036 （0.58）	− 0.0024 （− 0.36）	− 0.0020 （− 0.58）	− 0.0021 （− 0.62）
截距项	0.0071 *** （3.98）	0.0070 *** （3.87）	0.0020 （0.30）	0.0019 （0.31）	0.0042 （1.07）	0.0060 *** （2.67）	0.0061 *** （2.71）
年份虚拟变量	Yes	Yes	Yes	Yes	Yes	Yes	Yes
R^2	0.1445	0.1351	0.3160	0.3284	0.2826	0.2920	0.2901
F 值	7.13 ***	6.59 ***	1.54	1.63	3.54 ***	12.37 ***	12.26 ***
银行—年样本数	319	319	32	32	61	231	231

注：①括号内为 t 值；② *** 表示 1% 水平上显著；** 表示 5% 水平上显著；* 表示 10% 水平上显著。

第二，检验境外战略投资者与银行第一大股东制衡情况对银行平滑盈余行为的影响，取 Z 为 FSI-Share Hold2，回归结果如表 6.5 所示。在全样本银行回归中，第（1）列 FSI-Share Hold2 ×EBTP 回归系数为负，但不显著，表明境外战略投资者与银行第一大股东持股比例之比不能抑制银行平滑盈余行为。基于前面结论，本书仅对国有控股商业银行和城市商业银行样本分别进行检验。第（2）列是对国有控股商业银行样本的回归结果，第（2）列中 FSI-Share Hold2 ×EBTP 回归系数不显著，表明境外战略投资者与银行第一大股东持股比例之比不能有效抑制国有控股商业银行平滑盈余行为。但对城市商业银行样本回归结果第（3）列中，FSI-Share Hold2 ×EBTP 回归系数显著为负，表明境外战略投资者与银行第一大股东持股比例之比越大，越能降低城市商业银行平滑盈余行为。

表 6.5　境外战略投资者与银行第一大股东制衡对银行平滑盈余行为影响的回归结果

解释变量	全样本银行	国有控股商业银行	城市商业银行（City ComB = 1）
	（1）	（2）	（3）
$EBTP_t$	0.1044 ***	0.2014 *	0.0900 **
	（2.68）	（2.03）	（2.09）
FSI-Share Hold2$_{t-1}$ ×$EBTP_t$	−0.0283	0.0460	−0.0456 **
	（−1.46）	（0.92）	（−2.05）
CAR_t	−0.0178	−0.0690	−0.0133
	（−1.36）	（−1.39）	（−0.83）
NPL_t	0.0357 ***	0.1227 *	0.0190
	（2.86）	（1.89）	（1.41）
$Chargeoff_t$	0.0873 ***	0.0213	0.4884 ***
	（3.12）	（1.43）	（6.76）
Loan Growth$_t$	−0.0027	0.0029	−0.0020
	（−0.89）	（0.47）	（−0.59）
截距项	0.0067 ***	0.0015	0.0063 ***
	（3.71）	（0.24）	（2.72）
年份虚拟变量	Yes	Yes	Yes
R^2	0.1204	0.3407	0.2814
F 值	5.77 ***	1.72	11.42 ***
银行—年样本数	319	32	231

注：①括号内为 t 值；②*** 表示 1% 水平上显著；** 表示 5% 水平上显著；* 表示 10% 水平上显著。

第三，检验境外战略投资者是否派驻董事和派驻董事占比对银行平滑盈余行为的影响，分别取 Z 为 D_（FSI_Dir）以及 FSI_director，回归结果如表 6.6 所示。在全样本银行回归中，第（1）列 D_（FSI_Dir）×EBTP 的回归系数显著为负，表明境外战略投资者向董事会中派驻外资股东董事会减少银行平滑盈余行为。第（2）列中 FSI_director ×EBTP 的回归系数显著为负，表明外资股东董事占董事会席位比例越高，越能有效抑制银行平滑盈余行为。前面研究结果表明，股份制商业银行并不存在平滑盈余行为，因此，在表 6.6 中，本书仅对国有控股商业银行和城市商业银行样本分别进行检验。表 6.6

中，第（3）~第（4）列是对国有控股商业银行样本回归的结果，第（3）列中 D_（FSI_Dir）×EBTP 和第（4）列中 FSI_director ×EBTP 的回归系数为负，但不显著，表明境外战略投资者派驻外资股东董事和外资董事席位占比都不能有效抑制国有控股商业银行的平滑盈余行为。第（5）~第（6）列是对城市商业银行样本回归的结果，第（5）列中 D_（FSI_Dir）×EBTP 和第（6）列中 FSI_director ×EBTP 的回归系数显著为负，表明境外战略投资者派驻外资股东董事和外资董事席位占比都能有效抑制城市商业银行的平滑盈余行为，有效约束了银行高管层。

表 6.6　境外战略投资者派驻董事情况对银行平滑盈余行为影响的回归结果

解释变量	全样本银行		国有控股商业银行		城市商业银行（City ComB = 1）	
	（1）	（2）	（3）	（4）	（5）	（6）
$EBTP_t$	0. 1069 ***	0. 1015 ***	0. 2184 *	0. 2212 **	0. 0926 **	0. 0903 **
	（2.78）	（2.62）	（2.08）	（2.18）	（2.16）	（2.10）
$D\_(FSI\_Dir)_{t-1} \times EBTP_t$	− 0. 0541 ***		− 0. 0089		− 0. 0611 **	
	（− 2.81）		（− 0.30）		（− 2.40）	
$FSI\_director_{t-1} \times EBTP_t$		− 0. 3146 **		− 0. 1905		− 0. 4183 **
		（− 2.33）		（− 0.68）		（− 2.23）
CAR_t	− 0. 0161	− 0. 0182	− 0. 0718	− 0. 0725	− 0. 0113	− 0. 0125
	（− 1.24）	（− 1.40）	（− 1.40）	（− 1.46）	（− 0.71）	（− 0.78）
NPL_t	0. 0337 ***	0. 0365 ***	0. 1191	0. 1258 *	0. 0186	0. 0193
	（2.72）	（2.95）	（1.68）	（1.85）	（1.38）	（1.43）
$Chargeoff_t$	0. 0833 ***	0. 0841 ***	0. 0185	0. 0174	0. 4839 ***	0. 4789 ***
	（3.01）	（3.03）	（1.23）	（1.16）	（6.73）	（6.64）
$Loan\ Growth_t$	− 0. 0028	− 0. 0027	0. 0032	0. 0036	− 0. 0019	− 0. 0019
	（− 0.93）	（− 0.88）	（0.50）	（0.58）	（− 0.54）	（− 0.56）
截距项	0. 0069 ***	0. 0070 ***	0. 0020	0. 0019	0. 0060 ***	0. 0062 ***
	（3.88）	（3.90）	（0.30）	（0.31）	（2.61）	（2.68）
年份虚拟变量	Yes	Yes	Yes	Yes	Yes	Yes
R^2	0. 1398	0. 1316	0. 3160	0. 3284	0. 2875	0. 2845
F 值	6. 85 ***	6. 39 ***	1. 54	1. 63	11. 77 ***	11. 60 ***
银行一年样本数	319	319	32	32	231	231

注：①括号内为 t 值；② *** 表示 1% 水平上显著； ** 表示 5% 水平上显著； * 表示 10% 水平上显著。

第四，检验境外战略投资者向合作银行提供公司治理经验对银行平滑盈余行为的影响，取 Z 为 D_FSI_CG，回归结果如表 6.7 所示。在全样本银行回归中，第（1）列 D_FSI_CG×EBTP 回归系数为负，但不显著，表明境外战略投资者向合作银行提供公司治理经验不能抑制银行平滑盈余行为。基于前面的结论，本书仅对国有控股商业银行和城市商业银行样本分别进行检验。第（2）列是对国有控股商业银行样本的回归结果，第（2）列中 D_FSI_CG×EBTP 回归系数不显著，表明境外战略投资者向合作银行提供公司治理经验不能有效抑制国有控股商业银行平滑盈余行为。但对城市商业银行样本回归结果第（3）列中，D_FSI_CG×EBTP 回归系数显著为负，表明境外战略投资者向合作银行提供公司治理经验越能降低城市商业银行平滑盈余行为。

表 6.7　　　　　境外战略投资者向银行提供公司治理经验对银行

平滑盈余行为影响的回归结果

解释变量	全样本银行	国有控股商业银行	城市商业银行 （City ComB = 1）
	（1）	（2）	（3）
$EBTP_t$	0.0977 ***	0.0521	0.0757 ***
	（9.90）	（0.67）	（6.93）
$D\_FSI\_CG_{t-1} \times EBTP_t$	− 0.0334	− 0.0012	− 0.0442 ***
	（− 1.56）	（− 0.05）	（− 3.51）
CAR_t	− 0.0002	− 0.0001	− 0.0000
	（− 1.24）	（− 0.58）	（− 0.03）
NPL_t	0.1500 ***	0.0497 **	0.5674 ***
	（4.81）	（2.31）	（7.94）
$Chargeoff_t$	0.0003 **	0.0009 **	0.0002
	（2.33）	（2.49）	（1.53）
$Loan\ Growth_t$	0.0036 ***	0.0084 ***	0.0039 ***
	（5.51）	（2.92）	（5.68）
截距项	0.0052 ***	0.0036	0.0033
	（3.06）	（1.13）	（1.61）
年份虚拟变量	Yes	Yes	Yes
R^2	0.5713	0.1402	0.6534
F 值	69.64 ***	3.32 **	70.82 ***
银行—年样本数	311	87	224

注：①括号内为 t 值；②*** 表示 1% 水平上显著；** 表示 5% 水平上显著；* 表示 10% 水平上显著。

（2）境外战略投资者对薪酬绩效敏感度影响可操纵贷款损失准备额的作用。

参照比蒂等（Beatty et al.，2002）和科内特等（Cornnet et al.，2009）实证模型，采用下述实证模型来分析境外战略投资者对银行可操纵性贷款损失准备额的影响，其中，DLLP 计算公式为：

$$
\begin{aligned}
DLLP_{it} = {} & \alpha_0 + \beta_1 Z_{it-1} + \beta_2 Big\ Share_{i,t-1} + \beta_3 Ind\ Directors_{i,t-1} \\
& + \beta_4 Board\ Size_{i,t-1} + \beta_5 Dual_{i,t-1} + \beta_6 CEO\ Age_{i,t-1} \\
& + \beta_7 Asset_{i,t-1} + \beta_8 \Delta NPL_{i,t} + \beta_9 CAR_{i,t-1} + \beta_{10} Loan\ Growth_{i,t} \\
& + \sum \beta_y\ year\ dummy\ variables_t + \varepsilon_{it}
\end{aligned}
\tag{6.4}
$$

检验境外战略投资者不同参与程度对银行可操纵贷款损失准备额的影响，对模型（6.4）分别选择 Z = D_FSI、FSI-Share Hold1、FSI-Share Hold2、D_（FSI_Dir）、FSI_director、D_FSI_CG，回归结果如表6.8所示。第（1）列考察境外战略投资者是否持股对银行可操纵性贷款损失准备额的影响，D_FSI$_{t-1}$ 的系数为 -0.0014，显著为负，因此，当有境外战略投资者参股银行时，银行可操纵性贷款损失准备额下降了0.14%。第（2）列考察境外战略投资者持股比例对银行可操纵性贷款损失准备额的影响，FSI-Share Hold1$_{t-1}$ 的系数为 -0.0010，显著为负，因此，当有境外战略投资者持股比例增加1%时，银行可操纵性贷款损失准备额会下降0.10%。第（3）列考察境外战略投资者与大股东持股之比对银行可操纵性贷款损失准备额的影响，FSI-Share Hold2$_{t-1}$ 的系数为 -0.0020，显著为负，因此，当境外战略投资者与大股东持股之比增加1%时，银行可操纵性贷款损失准备额下降0.20%；该结果说明，当境外战略投资者对大股东的制衡作用越强时，越能够抑制大股东对中小股东利益的损害，提高银行信息披露的透明度，缓解信息不对称和代理问题，降低银行盈余管理行为的可能。第（1）~第（3）列回归结果说明当银行引入境外战略投资者后，银行可操纵性贷款损失准备会大幅度下降，且随着境外战略投资者持股比例和对第一大股东比例的制衡增加，银行可操纵性贷款损失准备额进一步下降，因此，境外战略投资者对银行的参与程度越高，其监督约束管理层的动机和能力越强，越能降低银行高管层的盈余管理行为。第（4）列考察境外战略投资者是否派驻董事对银行可操纵性贷款损失准备额的影响，D_（FSI_Dir）$_{t-1}$ 的系数为 -0.0015，显著为负，因此，当境外战略投资者向银行派驻外资股东董事后，银行可操纵性贷款损失准备额下降了 0.15%。第（5）列考察境外战略投资者董事占董事会比例对银行可操作性贷款损失准备额的影响，$FSI\_director_{t-1}$ 的系数为 -0.0011，显著为负，因此，当境外战略投资者董事占董事会比例增加 1% 时，银行可操纵性贷款损失准备额会下降 0.11%。第（4）~第（5）列回归结果说明，当银行董事会设置外资股东董事后，银行可操纵性贷款损失准备显著下降，且外资董事占比越高，越能够参与到董事会的重大决策中，抑制高管权力寻租行为，降低银行盈余管理行为的程度。第（6）列考察境外战略投资者提供公司治理经验对银行可操纵性贷款损失准备额的影响，$D\_FSI\_CG_{t-1}$ 的系数为 -0.0009，显著为负，因此，当境外战略投资者向银行提供公司治理经验后，银行可操纵性贷款损失准备额下降了 0.09%，说明当境外战略投资者向银行提供公司治理经验，能够抑制高管权力寻租行为，降低银行盈余管理行为的程度。其他变量分析与前面相一致。

表 6.8　　境外战略投资者影响银行高管层可操纵性贷款损失准备额的回归结果

解释变量	（1）	（2）	（3）	（4）	（5）	（6）
D_FSI_{t-1}	-0.0014 ** (-2.44)					
$FSI\text{-}Share\ Hold1_{t-1}$		-0.0010 * (-1.76)				
$FSI\text{-}Share\ Hold2_{t-1}$			-0.0020 ** (-2.54)			
$D\_(FSI\_Dir)_{t-1}$				-0.0015 * (-1.69)		
$FSI\_director_{t-1}$					-0.0011 ** (-2.33)	
$D\_FSI\_CG_{t-1}$						-0.0009 *** (-5.84)
$Big\ Share_{t-1}$	0.0001 *** (2.77)	0.0001 *** (2.84)	0.0001 *** (3.13)	0.0001 *** (2.87)	0.0001 *** (2.95)	0.0001 *** (2.70)
$Ind\ Directors_{t-1}$	-0.0100 ** (-1.99)	-0.0099 * (-1.96)	-0.0099 ** (-1.97)	-0.0099 * (-1.95)	-0.0099 * (-1.96)	-0.0121 *** (-2.81)
$Board\ Size_{t-1}$	0.0066 *** (2.81)	0.0067 *** (2.82)	0.0063 *** (2.66)	0.0069 *** (2.90)	0.0067 *** (2.85)	0.0050 ** (2.59)

续表

解释变量	（1）	（2）	（3）	（4）	（5）	（6）
$Dual_{t-1}$	-0.0008 （-0.84）	-0.0008 （-0.78）	-0.0007 （-0.73）	-0.0008 （-0.78）	-0.0007 （-0.66）	-0.0006 （-0.74）
$CEO\ Age_{t-1}$	0.0083 （1.58）	0.0083 （1.58）	0.0080 （1.52）	0.0084 （1.58）	0.0075 （1.40）	0.0031 （0.70）
$Asset_{t-1}$	-0.0010 ** （-2.17）	-0.0009 ** （-2.04）	-0.0009 ** （-2.09）	-0.0009 ** （-1.98）	-0.0009 ** （-2.01）	-0.0011 *** （-2.91）
ΔNPL_t	-0.0003 （-1.46）	-0.0003 （-1.43）	-0.0003 （-1.56）	-0.0003 （-1.45）	-0.0003 （-1.53）	-0.0003 ** （-2.22）
CAR_{t-1}	-0.0000 （-0.04）	-0.0000 （-0.00）	-0.0000 （-0.01）	0.0000 （0.02）	0.0000 （0.12）	-0.0000 （-0.23）
$Loan\ Growth_t$	-0.0000 （-0.01）	-0.0000 （-0.03）	-0.0000 （-0.11）	0.0000 （0.03）	-0.0000 （-0.04）	-0.0000 （-0.05）
截距项	-0.0379 * （-1.91）	-0.0388 ** （-1.97）	-0.0366 * （-1.860）	-0.0397 ** （-2.00）	-0.0362 * （-1.80）	-0.0079 （-0.49）
年份虚拟变量	Yes	Yes	Yes	Yes	Yes	Yes
R^2	0.0726	0.0718	0.0784	0.0684	0.0717	0.1532
F 值	2.22 **	2.20 **	2.42 **	2.08 **	2.19 **	4.54 ***
银行—年样本数	295	295	295	295	295	295

注：①括号内为 t 值；② *** 表示 1% 水平上显著；** 表示 5% 水平上显著；* 表示 10% 水平上显著。

6.2　薪酬契约变化对银行绩效及风险水平的影响分析

6.2.1　问题的提出与理论分析

一般而言，战略投资作为一种并购活动，投资方的动机主要是改善收入增长与提升效率（Campa，2006）。商业银行引进战略投资者的动机也在于提升银行自身公司治理及经营管理水平，促进效率的提升。在这一点上，投资方与引资方的目的相同（郭晔等，2020）。在所有权和经营权分离的情况下，银行高管最大化自身利益的目标与股东最大化企业利润的目标并不完全一致。根据前面分析，境外战略投资者进入我国银行之后，对银行高管的薪酬契约产生了明显影响，导致银行的显性薪酬与绩效挂钩程度更强，而隐性薪酬明显下降，并且盈余管理的行为也受到了约束。这势必会在一定程度上激励银行高管通过提升业绩、提高风险管理能力来改善自身薪酬水平。因此，我们认为，受薪酬契约变化的影响，银行高管会更为努力经营、提升绩效和风险管理能力。

6.2.2 实证模型设计

基于前面的分析，本部分将检验境外战略投资者通过改变银行高管薪酬契约对银行绩效和风险水平的影响，分两步运用实证模型进行实证分析。

6.2.2.1 境外战略投资者对银行绩效和风险水平影响的实证模型

首先，研究境外战略投资者进入与否对银行盈利能力、风险水平变化的差异；其次，探讨境外战略投资者参与程度对银行盈利能力、风险水平的影响；最后，比较不同类型银行在境外战略投资者参与之后绩效和风险变化的差异，从而得出各类型银行引入境外战略投资者效果的优劣顺序。模型设定如下：

$$\text{EC}_{it} = \alpha_0 + \alpha_1 Z_{it-1} + \alpha_2 CV_{i,t-1} + \sum \beta_y \text{ year dummy variables}_t + \varepsilon_{it}$$

$$(6.5)$$

其中，EC 为经济后果，参考已有文献的常用做法，分别用盈利水平 ROA 和风险水平 Z_score 进行衡量，Z-score 表示银行 ROA 下降多少个标准差单位会导致破产，计算方法为前后 5 年期的银行总资产收益率和资本充足率均值之和除以银行总资产收益率的标准差（Roy，1952），即 Z =（ROA + CAR）/ σ（ROA），其中 CAR 是资本充足率，如果 Z-score 越高则证明银行越安全，越小则说明银行的破产概率越大。Z 代表境外战略投资者的参与程度，定义如前面所述。CV 为一系列控制变量，包括银行层面和宏观经济层面的影响因素，在控制变量的选取上我们参照了德米尔古茨昆特和赫伊津哈（Demirgüç-Kunt & Huizinga，2010）以及陈文哲（2014）文献中的做法。在考虑银行特征时，采用了以下四个控制变量。第一是银行资产的对数值 Assets，用于衡量银行的规模大小；第二是银行的权益资产比值 Equity，用于刻画银行的资本水平和安全性；第三是资产的增速 Assets growth，因为规模快速扩大的银行可能经营模式和融资方式会有所不同，从而其收益和风险可能具有不同的特征；第四是管理费用与资产的比值 Overhead，用来刻画银行的成本状况。对于宏观经济层面的影响因素，选取了 GDP 增速 GDP growth 和通胀率 Inflation。

根据 Z 的估计系数 α_1 度量境外战略投资者对银行绩效和风险水平的影响。当以 ROA 作为被解释变量时，如果 α_1 系数显著为正，则说明引入境外战略投资者之后，银行的盈利能力明显提升。当以 Z-score 作为被解释变量时，如果 α_1 系数显著为负，则说明引入境外战略投资者之后，银行的经营风险下降，安全性提升。

6.2.2.2　境外战略投资者通过银行高管薪酬契约进而影响银行绩效和风险水平的实证模型

上述模型能够验证境外战略投资者进入银行后对银行绩效和风险水平的影响，但这种作用能否通过影响银行高管薪酬契约进而实现还需要进一步验证。相关研究指出，战略引资必然在一定程度上改变银行的股权结构（陈文哲等，2014），完善银行的公司治理机制（张宗益和宋增基，2010），而股权结构和公司治理是影响银行效率的重要因素（郑录军和曹廷求，2005）。运用中介效应模型来考察境外战略投资者是否通过改变银行高管薪酬契约影响了经营能力，中介效应的估计程序分两步进行：将中介变量薪酬绩效敏感度 PPS 对基本自变量进行回归，然后将因变量同时对基本自变量和中介变量进行回归。回归模型设定如下：

$$PPS_{it} = \beta_0 + \beta_1 Z_{it-1} + \beta_2 CV_{i,t-1} + \sum \beta_y \text{ year dummy variables}_t + \varepsilon_{it}$$

$$（6.6）$$

$$EC_{it} = \varphi_0 + \varphi_1 Z_{it-1} + \varphi_2 PPS_{it} + \varphi_3 CV_{i,t-1} + \sum \varphi_y \text{ year dummy variables}_t + \varepsilon_{it}$$

$$（6.7）$$

对中介效应模型的结果按照三个步骤分析。第一，如果 β_1 的系数显著，那么说明境外战略投资者对中介变量 PPS 会产生影响。第二，当 β_1 显著时，如果模型（6.7）的 φ_1 显著，且 φ_1 值和显著性水平（t 统计值）较模型（6.5）Z 的估计系数 α_1 均出现一定幅度的下降，则初步说明中介效应可能存在。第三，采用索贝尔（Sobel，1987）的方法，检验假设 $\varphi_2\beta_1 = 0$ 是否成立，如果拒绝该假设则表明中介效应显著，否则不显著。其中，Sobel 检验方法如下：一是计算回归系数 φ_2、β_1 的乘积项以及其标准差 $s_{\varphi_2\beta_1} = \sqrt{\varphi_2^2 s_{\beta_1}^2 + \beta_1^2 s_{\varphi_2}^2}$；二是计算 $\varphi_2\beta_1$ 对应的 z 值（$z = \varphi_2\beta_1/s_{\varphi_2\beta_1}$）；三是根据 z 统计量进行显著性判断。如果显著，则通过了索贝尔（Sobel）检验，中介效应确实存在，影响机制成立。

6.2.3 境外战略投资者对银行盈利及风险水平影响的实证检验

6.2.3.1 境外战略投资者对银行盈利能力的影响

检验境外战略投资者不同参与程度对银行盈利水平的影响，对模型（6.5）被解释变量设置为 ROA，解释变量分别选择 Z = D_FSI、FSI-Share Hold1、FSI-Share Hold2、D_（FSI_Dir）、FSI_director、D_FSI_CG，回归结果如表 6.9 所示。第（1）列考察境外战略投资者是否持股对银行 ROA 变化水平的影响，D_FSI_{t-1} 的系数显著为正，因此，较之没有境外战略投资者参股的银行，有境外战略投资者参股后银行的绩效改善程度更为明显。同理，第（2）~第（5）列分别考察了相对于没有境外战略投资者进入的银行，有境外战略投资者参与的银行的绩效改善程度受境外战略投资者参与程度影响的差异。可以看出，境外战略投资者的估计系数均显著为正，说明当境外投资者持股比例越高、派驻董事占比越高以及向银行提供公司治理经验时，越能够较未引入境外战略投资者的银行绩效提升越明显。以上结果说明，当境外战略投资者进入银行并且参与程度越高时，越能够促进银行盈利能力的改善。

表 6.9　　境外战略投资者影响银行盈利能力 ROA 的回归结果

解释变量	(1)	(2)	(3)	(4)	(5)	(6)
D_FSI_{t-1}	0.0024 ** (2.34)					
FSI-Share Hold1$_{t-1}$		0.0013 * (1.88)				
FSI-Share Hold2$_{t-1}$			0.0031 ** (2.61)			

续表

解释变量	（1）	（2）	（3）	（4）	（5）	（6）
D_（FSI_Dir）$_{t-1}$				0.0046 *		
				(1.74)		
FSI_director$_{t-1}$					0.0015 **	
					(2.46)	
D_FSI_CG$_{t-1}$						0.0019 ***
						(5.58)
Assets	0.2357	0.2319	0.2413	0.3474	0.2234	0.1601
	(1.15)	(1.37)	(1.19)	(1.20)	(1.01)	(1.09)
Equity	−0.1234	−0.1327	−0.1165	−0.6243	−0.5410	0.5126
	(−1.30)	(−1.42)	(−1.24)	(−0.84)	(−0.72)	(0.69)
Assets growth	0.0012 ***	0.0013 ***	0.0011 ***	0.0012 ***	0.0014 ***	0.0016 ***
	(2.99)	(2.89)	(2.83)	(3.01)	(3.19)	(3.18)
Overhead	−0.0201	−0.0204	−0.0210	−0.0208	−0.0209	−0.0206
	(−0.44)	(−0.64)	(−0.93)	(−0.24)	(−0.65)	(−0.62)
GDP	0.0024	0.0023	0.0019	0.0024	0.0025	0.0029
	(1.01)	(1.19)	(1.12)	(1.18)	(1.14)	(1.24)
Inflation	−0.0112 **	−0.0104 **	−0.0110 **	−0.0118 **	−0.0109 **	−0.0110 **
	(−2.44)	(−2.14)	(−2.51)	(−2.28)	(−2.51)	(−2.42)
截距项	−0.0245 *	−0.0298 **	−0.0236 *	−0.0219 **	−0.0230 *	−0.0217 *
	(−1.88)	(−2.08)	(−1.74)	(−2.37)	(−1.69)	(−1.89)
年份虚拟变量	Yes	Yes	Yes	Yes	Yes	Yes
R^2	0.0463	0.0489	0.0437	0.0485	0.0401	0.0501
F 值	2.42 **	2.13 **	2.52 **	2.19 **	2.25 **	2.89 ***
银行—年样本数	295	295	295	295	295	295

注：①括号内为 t 值；② *** 表示 1% 水平上显著；** 表示 5% 水平上显著；* 表示 10% 水平上显著。

6.2.3.2　境外战略投资者对银行风险水平的影响

检验境外战略投资者不同参与程度对银行风险水平的影响，对模型（6.5）被解释变量设置为 Z-score，解释变量分别选择 Z = D_FSI、FSI-Share

Hold1、FSI-Share Hold2、D_（FSI_Dir）、FSI_director、D_FSI_CG，回归结果如表 6.10 所示。第（1）列考察境外战略投资者是否持股对银行 Z_score 变化水平的影响，D_FSI_{t-1} 的估计系数显著为负，因此，较之没有境外战略投资者参股的银行，有境外战略投资者参股后银行的风险下降程度更为明显。同理，第（2）~第（6）列分别考察了相对于没有境外战略投资者进入的银行，有境外战略投资者参与的银行的风险水平改善程度受境外战略投资者参与程度影响的差异。可以看出，境外战略投资者的估计系数均显著为负，说明当境外投资者持股比例越高、派驻董事占比越高以及提供公司治理经验时，越能够较未引入境外战略投资者的银行安全程度提升越明显。以上结果说明，当境外战略投资者进入银行并且参与程度越高时，越能促进银行风险管理能力的改善。

表 6.10　　　境外战略投资者影响银行风险水平 Z_score 的回归结果

解释变量	（1）	（2）	（3）	（4）	（5）	（6）
D_FSI_{t-1}	− 0. 1805 *** （ − 3. 06 ）					
FSI-Share Hold1$_{t-1}$		− 0. 0084 *** （ − 2. 87 ）				
FSI-Share Hold2$_{t-1}$			− 1. 0791 *** （ − 3. 11 ）			
$D\_（FSI\_Dir）_{t-1}$				− 0. 1670 *** （ − 3. 10 ）		
FSI_director$_{t-1}$					− 0. 1712 *** （ − 3. 04 ）	
$D\_FSI\_CG_{t-1}$						− 0. 0657 *** （ − 3. 03 ）
Assets	0. 0094 （0. 54）	− 0. 0021 （ − 0. 13 ）	− 0. 0061 （ − 0. 39 ）	− 0. 0062 （ − 0. 40 ）	0. 0043 （0. 26）	− 0. 0090 （ − 0. 51 ）
Equity	− 0. 0182 ** （ − 2. 12 ）	− 0. 0186 ** （ − 2. 15 ）	− 0. 0166 * （ − 1. 92 ）	− 0. 0180 ** （ − 2. 09 ）	− 0. 0180 ** （ − 2. 08 ）	− 0. 0186 ** （ − 2. 12 ）
Assets growth	0. 0257 *** （3. 53）	0. 0244 *** （3. 37）	0. 0216 *** （3. 01）	0. 0247 *** （3. 41）	0. 0244 *** （3. 38）	0. 0232 *** （3. 15）

续表

解释变量	（1）	（2）	（3）	（4）	（5）	（6）
Overhead	－0.0097 （－0.34）	－0.0075 （－0.27）	－0.0055 （－0.20）	－0.0053 （－0.19）	－0.0086 （－0.30）	－0.0139 （－0.49）
GDP	－0.0303 （－0.63）	－0.0364 （－0.75）	－0.0492 （－1.01）	－0.0382 （－0.79）	－0.0412 （－0.85）	－0.0210 （－0.43）
Inflation	－0.8981 *** （－3.54）	－0.8928 *** （－3.52）	－0.7762 *** （－3.02）	－0.8614 *** （－3.39）	－0.8706 *** （－3.43）	－0.9149 *** （－3.56）
截距项	4.0062 *** （4.44）	4.1081 *** （4.56）	3.7306 *** （4.08）	4.0304 *** （4.47）	3.9721 *** （4.40）	4.2436 *** （4.66）
年份虚拟变量	Yes	Yes	Yes	Yes	Yes	Yes
R^2	0.2745	0.2715	0.2756	0.2742	0.2748	0.2547
F 值	10.93 ***	10.80 ***	10.97 ***	10.96 ***	10.91 ***	9.97 ***
银行—年样本数	295	295	295	295	295	295

注：①括号内为 t 值；② *** 表示 1% 水平上显著；** 表示 5% 水平上显著；* 表示 10% 水平上显著。

6.2.3.3　境外战略投资者通过银行高管薪酬契约影响风险承担水平的实证检验

以银行风险承担水平为例，检验境外战略投资者是否通过银行高管薪酬契约中介渠道影响银行风险承担。表 6.11 和表 6.12 是影响机制检验结果。表 6.11 是以银行高管薪酬绩效敏感度 PPS 为模型（6.6）的被解释变量的回归结果，表 6.12 是以银行风险承担水平 Z-score 为模型（6.7）的被解释变量的回归结果。以银行高管薪酬绩效敏感度 PPS 为被解释变量，可以看到，表 6.11 中 D_FSI、FSI-Share Hold1、FSI-Share Hold2、D_（FSI_Dir）、FSI_director、D_FSI_CG 的估计系数可以看出，相对于未引入境外战略投资者的银行，引入境外战略投资者之后，银行的薪酬绩效敏感度明显提升，且境外战略投资者参与程度越高，薪酬对绩效的敏感度提高程度越显著。境外战略投资者明显提升了银行高管薪酬的激励性，与前面的理论分析相一致。

进一步地，以银行风险承担水平 Z-score 为被解释变量，结合索贝尔（Sobel）检验结果分析中介变量 PPS 是否成立。根据表 6.12 中的回归结果，在加入中介变量 PPS 之后，PPS 的估计系数都显著为负，而且 D_FSI、FSI-

Share Hold1、FSI-Share Hold2、D_(FSI_Dir)、FSI_director、D_FSI_CG 的估计系的值和显著性水平较表 6.10 中对应项的估计系数基本都出现一定幅度的下降。经计算，PPS 系数乘积项 $\varphi_2\beta_1$ 对应的 z 统计量依次为 2.88、2.65、1.96、2.77 和 3.08，非常显著，说明"高管薪酬绩效敏感度"机制中介效应确实存在。总体来看，相较未引入境外战略投资者的银行，引入境外战略投资者且境外战略投资者参与程度越高时，越能通过提升银行高管薪酬绩效的敏感度激励高管，从而使高管更为努力经营，降低银行风险承担水平。

表 6.11　　境外战略投资者通过 PPS 影响银行风险承担水平的中介效应
模型检验结果（一）

解释变量	被解释变量：PPS					
	（1）	（2）	（3）	（4）	（5）	（6）
D_FSI_{t-1}	0.2851 *** (3.37)					
FSI-Share Hold1$_{t-1}$		0.0256 *** (3.68)				
FSI-Share Hold2$_{t-1}$			5.7252 *** (5.25)			
$D\_(FSI\_Dir)_{t-1}$				0.6188 *** (3.88)		
FSI_director$_{t-1}$					0.8541 *** (3.17)	
$D\_FSI\_CG_{t-1}$						0.2086 *** (4.26)
Assets	-0.2311 (-0.99)	-0.2292 (-1.06)	-0.2155 (-1.03)	-0.2150 (-1.02)	-0.2822 (-1.27)	-0.1641 (-0.69)
Equity	-0.9057 *** (-2.68)	-0.9064 *** (-2.68)	-0.9908 *** (-2.88)	-0.9272 *** (-2.74)	-0.9198 *** (-2.73)	-0.9136 *** (-2.68)
Assets growth	-0.1947 ** (-2.05)	-0.1951 ** (-2.08)	-0.1873 ** (-2.01)	-0.1973 ** (-2.10)	-0.2012 ** (-2.15)	-0.1854 * (-1.96)
Overhead	0.1483 (0.45)	0.1389 (0.42)	0.1219 (0.37)	0.1273 (0.38)	0.1392 (0.42)	0.1441 (0.43)

续表

解释变量	被解释变量：PPS					
	（1）	（2）	（3）	（4）	（5）	（6）
GDP	0.1939	0.2319	0.3274	0.2553	0.2694	0.2149
	(0.30)	(0.35)	(0.50)	(0.39)	(0.41)	(0.32)
Inflation	0.6504	0.5600	−0.5069	0.3317	0.3212	0.7615
	(0.18)	(0.15)	(−0.13)	(0.09)	(0.09)	(0.21)
截距项	7.3857	7.6219	11.5735	8.3816	8.9467	6.3560
	(0.55)	(0.58)	(0.84)	(0.63)	(0.67)	(0.48)
年份虚拟变量	Yes	Yes	Yes	Yes	Yes	Yes
R^2	0.0649	0.0663	0.0712	0.0678	0.0703	0.0646
F 值	2.28**	2.31**	2.41**	2.34**	2.39**	2.27**
银行—年样本数	295	295	295	295	295	295

注：①括号内为 t 值；② *** 表示 1% 水平上显著；** 表示 5% 水平上显著；* 表示 10% 水平上显著。

表 6.12　境外战略投资者通过 PPS 影响银行风险承担水平的中介效应模型检验结果（二）

解释变量	被解释变量：Z_score					
	（1）	（2）	（3）	（4）	（5）	（6）
D_FSI_{t-1}	−0.2027					
	(−1.31)					
$FSI\text{-}Share\ Hold1_{t-1}$		−0.0092				
		(−1.06)				
$FSI\text{-}Share\ Hold2_{t-1}$			−1.1944			
			(−1.27)			
$D\_(FSI\_Dir)_{t-1}$				−0.1933		
				(−1.49)		
$FSI\_director_{t-1}$					−0.2212*	
					(−1.83)	
$D\_FSI\_CG_{t-1}$						−0.1246*
						(−1.90)
PPS	−0.0002***	−0.0005***	−0.0013***	−0.0009***	−0.0014***	−0.0005***
	(−4.03)	(−5.09)	(−3.23)	(−4.16)	(−4.26)	(−6.08)

续表

解释变量	被解释变量：Z_score					
	(1)	(2)	(3)	(4)	(5)	(6)
Assets	-0.0065	-0.0206	-0.0287 *	-0.0266	-0.0103	-0.0166
	(-0.35)	(-1.20)	(-1.73)	(-1.60)	(-0.59)	(-0.87)
Equity	-0.0844 ***	-0.0846 ***	-0.0668 **	-0.0779 ***	-0.0806 ***	-0.0926 ***
	(-3.11)	(-3.10)	(-2.40)	(-2.87)	(-2.99)	(-3.33)
Assets growth	0.0112	0.0093	0.0069	0.0098	0.0105	0.0089
	(1.48)	(1.24)	(0.92)	(1.31)	(1.40)	(1.16)
Overhead	0.0004	0.0027	0.0043	0.0057	0.0013	-0.0057
	(0.01)	(0.10)	(0.16)	(0.22)	(0.05)	(-0.21)
GDP	0.0422	0.0305	0.0170	0.0251	0.0250	0.0623
	(0.82)	(0.59)	(0.32)	(0.48)	(0.48)	(1.17)
Inflation	-0.5611 *	-0.5651 *	-0.3720	-0.5030 *	-0.5232 *	-0.6286 **
	(-1.92)	(-1.93)	(-1.23)	(-1.72)	(-1.81)	(-2.13)
截距项	3.4112 ***	3.5874 ***	2.9055 ***	3.3931 ***	3.3363 ***	3.7770 ***
	(3.24)	(3.41)	(2.67)	(3.23)	(3.19)	(3.55)
年份虚拟变量	Yes	Yes	Yes	Yes	Yes	Yes
R^2	0.2313	0.2264	0.2300	0.2367	0.2449	0.2053
F 值	6.13 ***	5.98 ***	6.11 ***	6.26 ***	6.51 ***	5.39 ***
银行—年样本数	295	295	295	295	295	295

注：①括号内为 t 值；② *** 表示 1% 水平上显著；** 表示 5% 水平上显著；* 表示 10% 水平上显著。

6.3 本章小结

基于第 4 章和第 5 章的实证结果，境外战略投资者会影响银行高管显性和隐性薪酬契约。本章重点考察了银行高管面临薪酬变化的反应及相应的经济后果，对境外战略投资者增强银行高管薪酬激励性之后对高管盈余管理行为和经营行为的影响进行了实证检验。

为了考察境外战略投资者影响银行高管薪酬契约的经济后果，本章检验了境外战略投资者对银行高管层盈余管理行为的影响，发现当薪酬激励性增强后，高管会基于稳定自身薪酬的动机进行平滑盈余行为，但境外战略投资者通过改善公司治理明显约束了高管的盈余管理行为，使银行业绩能够更为真实地反映经营水平。此外，本章还检验了高管面临薪酬激励性增强后的经营情况，实证检验发现，境外战略投资者会通过提升高管薪酬激励性进一步地提升银行的经营水平，改善盈利能力，降低破产风险。

　　整体看，境外战略投资者通过改变银行高管薪酬契约促进了银行经营能力的提升，使银行高管更为努力经营，提升业绩、降低风险。境外战略投资者通过设计更为合理有效的薪酬契约制度提升了银行绩效，我国银行不仅实现了通过境外战略投资者"引资"，也切实通过"引制"建立了良好的市场化薪酬机制，对深化我国银行体系市场化改革起到显著的推动作用。

第7章 研究结论和政策建议

7.1 研究结论

薪酬激励作为公司内部治理的重要组成部分是缓解委托代理问题的重要机制。合理科学的薪酬激励机制不仅能提高银行的经营绩效，而且能促进银行业以及整个金融业的健康持续发展，反之，错配的高管薪酬结构可能产生严重损害银行利益的后果，甚至会引发金融系统风险，触发金融危机。由于过去我国银行业存在行政干预、股权集中和公司治理不完善等原因，高管薪酬激励机制缺乏有效性。自2002年我国确立深化股份制改革方向后基于"引资""引智""引制"的需求，我国银行业确立了引入境外战略投资者的战略举措，通过出售股权、签订合作协议的方式引入了境外战略投资者，从而改变了银行的股权结构和董事会结构。

一方面，如果提供了有激励性的显性薪酬契约，但无法抑制高管追求其私有收益，那么理性的高管将会追求自身利益最大化，例如获得额外津贴、追求较高的销售增长率以及打造"个人帝国"等非企业价值最大化目标，而这些将不用高管努力工作。因此，要想提供有激励性的显性薪酬契约，必须同时采取监管与惩罚等一系列方法来约束高管层追求隐性薪酬的行为，这就需要通过股东、高管层与外部监督者三者之间的权力制衡得以实现。另一方面，如果只考察隐性薪酬，研究将只能捕捉到对银行高管攫取私利的抑制作用，但对于银行、股东等利益相关方来讲，其目标是最大化银行价值，还是需要设计有激励性的显性薪酬契约才能实现目标。因此，薪酬机制的设计必须既有激励性又有约束性，本书从显性薪酬和隐性薪酬双视角入手，全面考察境外战略投资者对银行薪酬激励约束有效性的影响。

本书通过深入分析银行与境外战略投资者双方的合作动机、方式和协议内容总结了境外战略投资者影响我国高管薪酬的三条途径，即多元化股权结构、改变董事会结构以及按照签署协议向银行提供公司治理的技术和经验。实证分析的结果表明，境外战略投资者积极参与了公司治理的改善，有效激励了银行高管层，不仅提升了银行高管层薪酬绩效敏感度，而且提高了高管薪酬水平，另外，境外战略投资者的引入确实在一定程度上降低了银行高管的在职消费和银行高管的非正常薪酬水平，增加了对高管的约束，降低了银行高管利用权力攫取高额薪酬的行为，说明境外战略投资者可以有效地起到监督约束作用，促使银行制定更具约束力的薪酬机制，改善委托代理问题，降低高管对银行利益的私自侵占。此外，境外战略投资者通过改善公司治理明显约束了高管的盈余管理现象，使银行业绩能够更为真实地反映经营水平，并提升银行的经营水平，改善盈利能力，降低破产风险。

在具体的影响机制方面，我们发现，境外战略投资者持股比例越高、与第一大股东制衡能力越强以及外资董事占比越大，银行高管薪酬越有效。此外，双方在协议中规定了有关公司治理的合作内容都会显著提升高管薪酬的有效性。因此，引入境外战略投资者不仅是从股权、董事会的硬性指标上提升了公司治理水平，也通过吸收国外先进的公司治理经验提升了银行的软实力。从高管薪酬的角度来讲，境外战略投资者促使银行制定更为透明合理的薪酬机制，降低高管的权力寻租行为，有效地激励并约束了高管层，在一定程度上缓解了我国银行业在股份制改革过程中存在的委托代理问题。

7.2　政策建议

本书的研究在学术层面上丰富和拓展了相关研究，在现实和政策层面上，我们认为，考察境外战略投资者对银行高管薪酬激励约束有效性的影响，是衡量境外战略投资者改善公司治理效果非常重要的方面，也是评价我国银行业改革成效的角度之一，这对于我们总结改革经验、继续推进银行业发展具有重要的现实意义和政策意义，可以为中国银行业进一步深化改革和扩大对外开放提供重要的参考依据和政策建议。

首先，建议银行监管当局不仅要重视对每个银行业金融机构风险的把握、防范和化解，而且要有侧重监管具体业务向注重监管银行公司治理的转变，加快解决银行业公司治理和管理体制的深层次问题，提高银行财务信息质量，为银行稳健运营奠定良好的体制基础。

其次，建议商业银行重视薪酬机制的有效设计，来缓解银行的委托代理问题，同时银行监管当局应重视对薪酬机制的有效监管。薪酬机制不仅要关注显性薪酬契约的激励性，也要关注隐性薪酬的约束性，只有激励约束并重、有疏有堵，才是全面完整的薪酬契约方案设计和监管。

再其次，我国商业银行应积极引入战略投资者，监管部门应促进我国商业银行继续深化股权改革，鼓励更多的银行加入战略引资阵营，从而更顺利地实现"引资""引制""引智"的战略目标，提高银行的效率水平。

最后，商业银行在进行战略引资时，既要有宏观战略思维，也要有微观路径选择。应着重关注战略投资者的动机与意图，继续从多元化股权结构和改变董事会成员结构等方面入手，同时也要关注战略投资者和商业银行签署的合作协议内容、战略投资者派驻董事参与薪酬与提名委员会还是审计委员会等，都需要谨慎细微的考究。

参考文献

［1］薄仙慧，吴联生．国有控股与机构投资者的治理效应：盈余管理视角［J］．经济研究，2009，24（2）：81－91．

［2］蔡卫星，曾诚．境外战略投资者改变了国有商业银行的贷款行为吗——基于动态面板数据模型的经验分析［J］．当代经济科学，2011，152（1）：13－21．

［3］陈冬华，陈富生，沈永建，尤海峰．高管继任、职工薪酬与隐性契约［J］．经济研究，2011（2）：100－111．

［4］陈冬华，陈信元，万华林．国有企业中的薪酬管制与在职消费［J］．经济研究，2005（2）：92－101．

［5］陈冬华，梁上坤，蒋德权．不同市场化进程下高管激励契约的成本与选择［J］．会计研究，2010（11）：56－64．

［6］陈仕华，姜广省，李维安，王春林．国有企业纪委的治理参与能抑制高管私有收益［J］．经济研究，2014（10）：139－151．

［7］陈文哲，郝项超，石宁．境外战略投资者对银行高管薪酬激励有效性的影响［J］．金融研究，2014（12）：117－132．

［8］陈小悦，肖星，过晓艳．配股权与上市公司利润操纵［J］．经济研究，2000（1）：30－36．

［9］陈信元，陈冬华，万华林，梁上坤．地区差异、薪酬管制与高管腐败［J］．管理世界，2009（11）：130－143．

［10］陈炎炎，郏丽莎．机构投资者持股与我国上市公司管理层薪酬的实证研究［J］．金融经济，2006（24）：134－135．

［11］程书强．机构投资者持股与上市公司会计盈余信息关系实证研究［J］．管理世界，2007，11（6）：129－136．

［12］杜瑞．机构投资者持股特征与盈余管理的关系研究［D］．大连：

大连理工大学，2011.

[13] 方军雄. 我国上市公司高管的薪酬存在粘性吗 [J]. 经济研究，2009（3）：110 - 124.

[14] 高雷，张杰. 公司治理、机构投资者与盈余管理 [J]. 会计研究，2008（9）：64 - 77.

[15] 高培涛. 机构投资者参与我国上市公司治理的理论与实证研究 [D]. 山东：山东大学，2010.

[16] 葛春尧. 中国商业银行高管薪酬激励有效性研究 [D]. 山东：山东大学，2011.

[17] 郭晔，黄振，姚若琪. 战略投资者选择与银行效率 [J]. 经济研究，2020（1）：181 - 197.

[18] 韩志丽，杨淑娥，史浩江. 企业终极所有者"掏空"行为的影响因素 [J]. 系统工程，2006，2（9）：26 - 31.

[19] 黄谦. 中国证券市场机构投资者与上市公司盈余管理关联性的研究 [J]. 当代经济科学，2009，31（4）：108 - 117.

[20] 李超，蔡庆丰，陈娇. 机构投资者能改进上市公司高管的薪酬激励吗 [J]. 证券市场导报，2012（1）：31 - 36.

[21] 李善民，王彩萍. 机构持股与上市公司高级管理层薪酬关系实证研究 [J]. 管理评论，2007，19（1）：41 - 48.

[22] 梁琪，石宁，陈文哲. 境外战略投资者是否改变了银行平滑盈余行为——基于我国不同所有权银行的分析 [J]. 当代经济科学，2012，186（6）：35 - 46.

[23] 刘斌，刘星，李世新，等. CEO 薪酬与企业业绩互动效应的实证检验 [J]. 会计研究，2003，288（3）：45 - 54.

[24] 马政. 我国商业银行引进境外战略投资者研究 [D]. 天津：南开大学，2010.

[25] 毛磊，王宗军，王玲玲. 机构投资者与高管薪酬——中国上市公司研究 [J]. 管理科学，2011（5）：99 - 110.

[26] 权小锋，吴世农，文芳. 管理层权力、私有收益与薪酬操纵 [J]. 经济研究，2010（11）：73 - 87.

[27] 孙永祥，黄祖辉. 上市公司的股权结构与绩效 [J]. 经济研究，1999，32（12）：23 - 30.

［28］谭松涛，傅勇．管理层激励与机构投资者持股偏好［J］．中国软科学，2009（7）：109－114．

［29］唐跃军，宋渊洋．价值选择 vs 价值创造：来自中国市场机构投资者的证据［J］．经济学（季刊），2010，9（2）：609－632．

［30］陶正芳，杨振东，李艳萍．从控制权到所有权：地方性股份制商业银行法人治理结构改革的逻辑［J］．金融研究，2004（4）：130－135．

［31］田国强，王一江．外资银行与中国国有商业银行股份制改革［J］．经济学动态，2004（11）：45－48．

［32］王克敏，王志超．高管控制权、报酬与盈余管理［J］．管理世界，2007（7）：111－119．

［33］王亚平，吴联生，白云霞．中国上市公司盈余管理的频率与幅度［J］．经济研究，2005（12）：102－112．

［34］魏刚．高级管理层激励与上市公司经营绩效［J］．经济研究，2000，64（3）：32－39．

［35］辛清泉，林斌，王彦超．政府控制、经理薪酬与资本投资［J］．经济研究，2007（8）：110－122．

［36］徐细雄，刘星．放权改革、薪酬管制与企业高管腐败［J］．管理世界，2013（3）：119－132．

［37］许友传，杨继光．商业银行贷款损失准备与盈余管理动机［J］．经济科学，2008（2）：94－103．

［38］阎庆民．银行业公司治理与外部监管［J］．金融研究，2005（9）：84－95．

［39］伊志宏，李艳丽，高伟．异质机构投资者的治理效应：基于高管薪酬视角［J］．统计与决策，2011（5）：122－125．

［40］占硕．我国银行业引进战略投资者风险研究——控制权租金引发的股权转移和效率损失［J］．财经研究，2005（1）：104－114．

［41］张昕，任明．关于上市公司盈余管理动机的比较研究［J］．财经问题研究，2007，288（11）：83－86．

［42］赵胜民，翟光宇，张瑜．我国上市商业银行盈余管理与市场约束——基于投资收益及风险管理的视角［J］．经济理论与经济管理，2011（8）：75－85．

［43］郑德珵，沈华珊．股权结构与公司治理——对我国上市公司的实证分析［J］．中山大学学报，2002，42（1）：111－121．

［44］周晖，马瑞，朱久华. 中国国有控股上市公司高管薪酬激励与盈余管理［J］. 财经理论与实践，2010，31（2）：48-52.

［45］朱星文，蔡吉甫，谢盛纹. 公司治理、盈余质量与经理薪酬研究——来自中国上市公司数据的检验［J］. 南开管理评论，2008，11（2）：28-33.

［46］朱盈盈. 中资银行引进境外战略投资者效果的实证研究［D］. 四川：电子科技大学，2011.

［47］周小川. 大型商业银行改革的回顾与展望［J］. 中国金融，2012（6）：10-13.

［48］Admati A R，Pfleiderer P，Zechner J. Large shareholder activism，risk sharing，and financial market equilibrium［J］. Journal of Political Economy，1994（102）：1097-1130.

［49］Aggarwal R，Erel I，Ferreira M，et al. Does governance travel around the world? evidence from institutional investors［J］. Journal of Financial Economics，2011，100：154-181.

［50］Agrawal，Anup，Mandelker G. Shark repellants and the role of institutional investors in corporate governance［J］. Managerial and Decision Economics，1992，13：15-22.

［51］Ahmed A S，Takeda D，Thomas S. Bank LLP：a reexamination of CARital management，earnings management and signaling effects［J］. Journal of Accounting and Economics，1999，28：1-25.

［52］Ali S M，Salleh N M，Hassan M S. Ownership structure and earnings management in malaysian listed companies：the size effect［J］. Asian Journal of Business and Accounting，2008，2：89-116.

［53］Almazan A，Hartzell J C，Starks L T. Active institutional shareholders and cost of monitoring：evidence from executive compensation［J］. Financial Management，2005，34：5-34.

［54］Almazan，Andres，Brown K，et al. Why constrain your mutual fund manager?［R］. Working paper，University of Texas at Austin，2002.

［55］Ananchotikul N. Does foreign direct investment really improve corporate governance? evidence from Thailand［R］. Working Papers from Economic Research Department，Bank of Thailand，2007.

［56］Anderson C W，Jandik T，Makhija A K. Determinants of foreign ownership in newly privatized companies in transition economies [J]. Financial Review, 2001, 2: 161 – 175.

[57] Andres P D, Vallelado E. Corporate governance in banking: the role of the board of directors [J]. Journal of Banking & Finance, 2008, 32: 2570 – 2580.

[58] Badrinath S G, Gay G, Kale J. Patterns of institutional investment, prudence, and the managerial "safety net" hypothesis [J]. Journal of Risk and Insurance, 1989, 56: 605 – 629.

[59] Baker, George, Jensen M, et al. Compensation and incentives: practice vs. theory [J]. Journal of Finance, 1988, 43: 593 – 616.

[60] Barro J R. Pay, performance, and turnover of bank CEO [J]. Journal of Labor Economics, 1990, 8: 448 – 481.

[61] Beatty A L, Chamberlain S L, Magliolo J. Managing financial reports of commercial banks: the influence of taxes, regulatory capital, and earnings [J]. Journal of Accounting Research, 1995, 333: 231 – 262.

[62] Beatty A L, Harris D H. The effects of taxes, agency cost and information asymmetry on earnings management: A comparison of public and private firms [J]. Review of Accounting Studies, 1999, 4: 299 – 326.

[63] Beatty A L, Ke B, Petroni K R. Earnings management to avoid earnings declines across publicly and privately held banks [J]. The Accounting Review, 2002, 77: 547 – 570.

[64] Beaver W H, Engel E E. Discretionary behavior with respect to allowances for loan losses and the behavior of security prices [J]. Journal of Accounting and Economics, 1996, 22: 177 – 206.

[65] Bebchuk L, Fried J. Executive compensation as an agency problem [J]. Journal of Economic Perspectives, 2003, 17: 71 – 92.

[66] Beneish M, Vargus M. Insider trading, earnings equality, and accrual mispricing [J]. The Accounting Review, 2002, 77: 755 – 791.

[67] Bennett, James, Sias R, et al. Greener pastures and the impact of dynamic institutional preferences [J]. Review of Financial Studies, 2003, 16: 1199 – 1234.

[68] Berger A N, Clarke G, Cull R, et al. Corporate governance and bank

performance: A joint analysis of the static, selection, and dynamic effects of domestic, foreign and state ownership [J]. Journal of Banking & Finance, 2005, 29: 2179 – 2221.

[69] Berger A N, Hasan I, Zhou M M. Bank ownership and efficiency in China: What lies ahead in the world's largest nation [R]. Research Discussion Papers, Bank of Finland, 2007.

[70] Bergstresser D, Desai M, Rauh J. Earnings manipulation, pension assumptions, and managerial investment decisions [J]. Quarterly Journal of Economics, 2006, 121: 157 – 195.

[71] Bergstresser D, Philippon T. CEO incentives and earnings management [J]. Journal of Financial Economics, 2006, 80: 511 – 529.

[72] Bikker J A, Metzemakers P A J. Bank provisioning behaviour and prociclicality [J]. Journal of International Financial Markets, Institutions and Money, 2005, 29: 2179 – 2221.

[73] Biurrun V, Rudolf M. The cost of bank earnings management [R]. Working Paper, WHU-Otto Beisheim School of Management, 2010.

[74] Borokhovich K A, Harman Y S, Brunarski K, et al. Variation in the monitoring incentives of outside stockholders [J]. Journal of Law and Economics, 2006, 49: 651 – 680.

[75] Brandes P, Goranova M, Hall S. Navigating shareholder influence: Compensation plans and the shareholder approval process [J]. Academy of Management Perspectives, 2008, 22: 41 – 57.

[76] Brickley, James, Lease R, et al. Ownership structure and voting on antitakeover amendments [J]. Journal of Financial Economics, 1988, 20: 267 – 292.

[77] Burns N, Kedia S. Do executive stock options generate incentives for earnings management? Evidence from accounting restatements [R]. Harvard Business School Manuscript, 2003.

[78] Burns N, Kedia S. The impact of CEO incentives on misreporting [J]. Journal of Financial Economics, 2006, 79: 35 – 67.

[79] Bushee B. Identifying and attracting the "right" investors: Evidence on the behavior of institutional investors [J]. Journal of Applied Corporate Finance,

2004, 16: 28 – 35.

[80] Bushee, Brian, Noe C. Corporate disclosure practices, institutional investors, and stock return volatility [J]. Journal of Accounting Research, 2000, 38: 171 – 202.

[81] Bushee, Brian. The influence of institutional investors on myopic R&D investment behavior [J]. The Accounting Review, 1998, 73: 305 – 333.

[82] Byrd J, Hickman K. Do outside directors monitor managers? Evidence from tender offer bids [J]. Journal of Financial Economics 1992, 32: 195 – 222.

[83] Cheng Q, Warfield T D. Equity incentives and earnings management [J]. Accounting Review, 2005, 80: 441 – 476.

[84] Chih H L, Shen C H, Wu M W, et al. Cooperation satisfaction and performance: empirical evidence from Chinese banks and their foreign strategic investors [J]. China and World Economy, 2010, 18: 90 – 108.

[85] Chung R, Ho S, Kim J B. Ownership structure and the pricing of discretionary accruals in Japan [J]. Journal of International Accounting Auditing and Taxation, 2002, 13: 1 – 20.

[86] Clay D. The effects of institutional investment on CEO compensation [R]. Working paper, University of Southern California, 2000.

[87] Clinch G, Magliolo J. CEO compensation and components of earnings and earnings management in bank holding companies [J]. Journal of Accounting and Economics, 1993, 16: 241 – 272.

[88] Coffee J. Liquidity versus control: The institutional investor as corporate monitor [J]. Columbia Law Review, 1991, 91: 1277 – 1368.

[89] Collins J H, Shackelford D A, Wahlen J M. Bank differences in the coordination regulatory capital, earnings, and taxes [J]. Journal of Accounting Research, 1995, 33: 263 – 291.

[90] Conyon M J, Core J E, Wayne R G. Are US CEOs paid more than UK CEOs? inferences from risk-adjusted pay [J]. Review of Financial Studies, 2011, 24: 402 – 438.

[91] Conyon M J, Fernandes N, Ferreira M A, et al. The executive compensation controversy: A transatlantic analysis [R]. Working Paper, Fondazione Rodolfo De Benedetti, 2010.

［92］Conyon M J，Murphy K J. The prince and the pauper：CEO pay in the US and UK ［J］. Economic Journal, 2000, 110：640 – 671.

［93］Core J E，Guay W，Larcker D F. The power of the pen and executive compensation ［J］. Journal of Financial Economics, 2008, 88：1 – 25.

［94］Core J E，Holthausen R W，Larcker D F. Corporate governance, chief executive officer compensation, and firm performance ［J］. Journal of Financial Economics, 1999, 51：371 – 406.

［95］Core J E，Larcker D. Performance consequences of mandatory increases in executive stock ownership ［J］. Journal of Financial Economics, 2002, 64：317 – 340.

［96］Core J，Guay W. The use of equity grants to manage optimal equity incentive levels ［J］. Journal of Accounting and Economics, 1999, 28：151 – 184.

［97］Cornett M M，Marcus A J，Saunders A，et al. The impact of institutional ownership on corporate operating performance ［J］. Journal of Banking & Finance, 2007, 31：1771 – 1794.

［98］Cornett M M，Marcus A J，Tehranian H. Corporate governance and pay-for-performance：the impact of earnings management ［J］. Journal of Financial Economics, 2008, 87：357 – 373.

［99］Cornett M M，Mcnutt J J，Tehranian H. Corporate governance and earnings management at large U. S. bank holding companies ［J］. Journal of Corporate Finance, 2009, 15：412 – 430.

［100］Cosh A，Hughes A. Executive remuneration, executive dismissal and institutional shareholdings ［J］. International Journal of Industrial Organization, 1997, 15：469 – 492.

［101］Croci E，Gonenc H，Ozkan N. CEO compensation, family control, and institutional investors in continental Europe ［J］. Journal of Banking & Finance, 2012, 36：3318 – 3335.

［102］David P，Kochhar R，Levitas E. The effect of institutional investors on the level and mix of CEO compensation ［J］. The Academy of Management Journal, 1998, 41：200 – 208.

［103］Davis G F，Kim E H. Business ties and proxy voting by mutual funds ［J］. Journal of Financial Economics, 2007, 85：552 – 570.

［104］Dechow P M, Sloan R G, Sweeney A P. Causes and consequences of earnings manipulation: An analysis of firms subject to enforcement actions by the SEC ［J］. Contemporary Accounting Research, 1996, 13: 1 – 36.

［105］Dechow P M, Sloan R G, Sweeney A P. Detecting earnings management ［J］. Accounting Review, 1995, 70: 193 – 226.

［106］Dechow P M, Sloan R G. Executive incentives and the horizon problem ［J］. Journal of Accounting and Economics, 1991, 14: 51 – 89.

［107］Edmans A. Blochholder trading, market efficiency and managerial myopia ［J］. Journal of Finance, 2009, 64 (6): 2481 – 2513.

［108］Fama E F. Agency problems and the theory of the firm ［J］. Journal of Political Economy, 1980, 26: 288 – 307.

［109］Feng Z, Ghosh C, He F, et al. Institutional monitoring and REIT CEO compensation ［J］. Journal of Real Estate Finance and Economics, 2010, 40: 446 – 479.

［110］Fernandes N G, Ferreira M A, Matos P P, et al. Are U. S. CEOs paid more? New international evidence ［R］. Working Paper, Nova School of Business and Economics, 2012.

［111］Ferreira M A, Massa M, Matos P. Shareholders at the gate: Institutional investors and cross-border mergers and acquisitions ［J］. Review of Financial Studies, 2010, 23: 601 – 644.

［112］Ferreira M A, Matos P. The colors of investors' money: The role of institutional investors around the world ［J］. Journal of Financial Economics, 2008, 88: 499 – 533.

［113］Ferris S P, Jagannathan M, Pritchard A C. Too busy to mind the business? Monitoring by directors with multiple board appointments ［J］. Journal of Finance, 2003, 58: 1087 – 1111.

［114］Firth M, Fung P, Rui O. Ownership, two-tier board structure, and the informativeness of earnings: Evidence from China ［J］. Journal of Accounting and Public Policy, 2007, 26 (4): 463 – 496.

［115］Fonseca A R, Gonzalez F. Cross country determinants of bank incoming by managing loan loss provisions ［J］. Journal of Banking & Finance, 2008, 32: 217 – 228.

[116] Fudenberg D, Tirole J. A theory of income and dividend smoothing based on incumbency rents [J]. Journal of Political Economy, 1995, 103: 75 – 93.

[117] Gao P, Shrieves R E. Earnings management and executive compensation: A case of overdose of option and underdose of salary? [R]. Available at SSRN, 2002.

[118] Garcia-Herrero A, Gavila S, Santabaraz D. China's Banking Reform: An assessment of its evolution and possible impact [J]. Cesifo Economic Studies, 2006, 52: 304 – 363.

[119] Garner J L, Kim W Y. Are foreign investors really beneficial? evidence from south korea [C]. The Fourth Annual Conference on Asia-Pacific Financial Markets: Seoul, Korea, 2009.

[120] Gaver J J, Gaver K M, Austin J R. Additional evidence on bonus plans and income management [J]. Journal of Accounting and Economics, 1995, 19: 3 – 28.

[121] Gillan S, Starks L. Corporate governance proposals and shareholder activism: The role of institutional investors [J]. Journal of Financial Economics, 2000, 57: 275 – 305.

[122] Goel A M, Thakor A V. Why do firms smooth earnings? [J]. Journal of Business, 2003, 76: 151 – 192.

[123] Gompers P, Metrick A. Institutional investors and equity prices [J]. Quarterly Journal of Economics, 2001, 116: 229 – 259.

[124] Gorton, Gary, Kahl M. Blockholder identity, equity ownership structures and hostile takeovers [R]. NBER working paper, number 7123, 1999.

[125] Grossman S, Hart O. Takeover bids, the free rider problem, and the theory of the corporation [J]. Bell Journal of Economics, 1983, 11: 42 – 64.

[126] Guidry F, Leone A J, Rock S. Earnings-bonus plans and earnings management [J]. Journal of Accounting and Economics, 1999, 26: 113 – 142.

[127] Hartzell J C, Starks L T. Institutional investors and executive compensation [J]. Journal of Finance, 2003, 58: 2351 – 2374.

[128] Hartzell J C. The impact of the likelihood of turnover on executive compensation [R]. Working paper, University of Texas at Austin, 2002.

[129] Healy P M, Kang S K, Palepu K G. The effect of accounting procedure changes on CEO's cash salary and bonus compensation [J]. Journal of Accounting and Economics, 1987, 9: 7 – 34.

[130] Healy P M, Wahlen J M. A review of the earnings management literature and its implications for standard setting [J]. Accounting Horizons, 1999, 13: 365 – 383.

[131] Healy P M. The effect of bonus schemes on accounting decisions [J]. Journal of Accounting and Economics, 1985, 7: 85 – 107.

[132] Heard J E. Executive compensation: Perspective of the institutional investor [J]. University of Cincinnati Law Review, 1995, 63: 749 – 767.

[133] Holderness C G. A survey of blockholders and corporate control [J]. Economic Policy Review, 2003, 19: 51 – 63.

[134] Holmstrom, Bengt, Tirole J. Market liquidity and performance monitoring [J]. Journal of Political Economy, 1993, 101: 678 – 709.

[135] Holmstrom, Bengt. Moral hazard and observability [J]. Bell Journal of Economics, 1979, 10: 74 – 91.

[136] Holthausen R, Larcker D, Sloan R. Annual bonus schemes and the manipulation of earnings [J]. Journal of Accounting and Economics, 1995, 19: 29 – 74.

[137] Hotchkiss E S, Strickland D. Does shareholder composition matter? Evidence from the market reaction to corporate earnings announcements [J]. The Journal of Finance, 2003, 58: 1469 – 1498.

[138] Hotchkiss E S. Post bankruptcy performance and management turnover [J]. Journal of Finance, 1995, 50: 3 – 21.

[139] Hsieh M F, Shen C H, Lee J S. Factors influencing the foreign entry mode of Asian and Latin-American banks [J]. The Service Industries Journal, 2010, 30: 2351 – 2365.

[140] Jensen M C, Meckling W H. Theory of the firm: Managerial behavior, agency costs and ownership structure [J]. Journal of Financial Economics, 1976, 3: 305 – 360.

[141] Jensen M C, Murphy K. CEO incentives: It's not how much you pay, but how [J]. Journal of Applied Corporate Finance, 1990b, 3: 36 – 49.

［142］Jensen M C, Murphy K. Performance pay and top-management incentives ［J］. Journal of Political Economy, 1990a, 98: 225 – 264.

［143］Jensen M C. Agency costs of free cash flow, corporate finance and takeover ［J］. American Economic Review, 1986, 76: 323 – 329.

［144］Jensen M. The modern industrial revolution, exit, and the failure of internal control systems ［J］. Journal of Finance, 1993, 48: 831 – 880.

［145］John P. Beyond takeovers: Politics comes to corporate control ［J］. Harvard Business Review, 1992, 70: 83 – 94.

［146］Jones J. Earnings management during import relief investigations ［J］. Journal of Accounting Research, 1991, 29: 193 – 228.

［147］Kahn, Charles, Winton A. Ownership structure, speculation, and shareholder intervention ［J］. Journal of Finance, 1998, 53: 99 – 129.

［148］Khan R, Dharwadkar R, Brandes P. Institutional ownership and CEO compensation: A longitudinal examination ［J］. Journal of Business Research, 2005, 58: 1078 – 1088.

［149］Klein A. Audit committee, board of director characteristics, and earnings management ［J］. Journal of Accounting and Economics, 2002, 33: 375 – 400.

［150］Kochhar R, David P. Institutional investors and firm innovation: A test of competing hypotheses ［J］. Strategic Management Journal, 1996, 17: 73 – 84.

［151］Koh P. Institutional investor type, earnings management and benchmark beaters ［J］. Journal of Accounting and Public Policy, 2007, 26（3）: 267 – 299.

［152］Kothari S P, Leone A J, Wasley C E. Performance matched discretionary accrual measures ［J］. Journal of Accounting & Economics, 2005, 39: 163 – 197.

［153］Kubo K. Executive compensation policy and company performance in Japan ［J］. Corporate Governance: An International Review, 2005, 13: 429 – 436.

［154］Kuhnen C M, Zwiebel J H. Executive pay, hidden compensation and managerial entrenchment ［R］. Rock Center for Corporate Governance, Working Paper, 2008.

[155] La Porta R, Lopez-de Silanes F, Shleifer A. Corporate ownership around the world [J]. Journal of Finance, 1999, 54: 471 – 517.

[156] Laeven L, Majnoni G. , Loan loss provisioning and economic slow-downs: too much, too late? [J]. Journal of Financial Intermediation, 2003, 12: 178 – 197.

[157] Lambert R A. Income smoothing as rational equilibrium behavior [J]. The Accounting Review, 1984, 59: 604 – 618.

[158] Leuz C, Lins K, Warnock F. Do foreigners invest in poorly governed firms? [J]. Review of Financial Studies, 2009, 22: 3245 – 3285.

[159] Liberty S, Zimmerman J. Labor union contract negotiations and accounting choices [J]. Accounting Review, 1986, 61: 692 – 712.

[160] Lin X C, Zhang Y. Bank ownership reform and bank performance in China [J]. Journal of Banking & Finance, 2009, 33: 20 – 29.

[161] Liu L, Peng E. Institutional ownership composition and accruals quality [R]. Working Paper, 2006.

[162] Maxey D, Ten Wolde R. CEO pay may be crucial as funds shop [N]. Wall Street Journal, 1998, May – 26, C25.

[163] McConnell J J, Servaes H. Additional evidence on equity ownership and corporate value [J]. Journal of Financial Economics, 1990, 27: 595 – 612.

[164] Mehran H. Executive compensation structure, ownership, and firm performance [J]. Journal of Financial Economics, 1995, 38: 163 – 184.

[165] Michael P S. Shareholder activism by institutional investors: Evidence from calpers [J]. Journal of Finance, 1996, 51: 227 – 252.

[166] Min D, Ozkan A. Institutional investors and director pay: An empirical study of UK companies [J]. Journal of Multinational Financial Management, 2008, 18: 16 – 29.

[167] Murphy K J, Topel R. Estimations and inference in two-step econometric models [J]. Journal of Business and Economic Statistics, 1985, 3: 370 – 379.

[168] Murphy K J. Executive compensation: Where we are, and how we get there [J]. Handbook of the Economics of Finance, 2013 (2): 211 – 356.

[169] Murphy K J. Incentives, learning, and compensation: A theoretical

and empirical investigation of managerial labor contracts [J]. RAND Journal of Economics, 1986, 17: 59 - 76.

[170] Noe T H. Investor activism and financial market structure [J]. Review of Financial Studies, 2002, 15: 289 - 319.

[171] Ozkan N. CEO compensation and firm performance: An empirical investigation of UK panel data [J]. European Financial Management, 2011, 17: 260 - 285.

[172] Perez D, Salas V, Saurina J. Principles versus rules and the definition of regulatory bank capital. Evidence from a unique environment [R]. Working paper, Bank of Spain, 2004.

[173] Pound J. Proxy contests and the efficiency of shareholder oversight [J]. Journal of Financial Economics, 1988, 20: 237 - 265.

[174] Reitenga A L, Tearney M G. Mandatory CEO retirements, diseretionary accruals, and corporate governance mechanisms [J]. Journal of Accounting Auditing and Finance, 1999, 18 (2): 255 - 280.

[175] Robert P, Richard W S, Laura T S. Voting with their feet: Institutional investors and CEO turnover [J]. Journal of Financial Economics, 2003, 68: 3 - 46.

[176] Schipper K. Commentary on earnings management [J]. Accounting Horizons, 1989, 3: 91 - 102.

[177] Scholes M S, Wilson G P, Wolfson M A. Tax planning, regulatory capital planning, and financial reporting strategy for commercial banks [J]. Review of Financial Studies, 1990, 3: 625 - 650.

[178] Shen C H, Chih H L, Wu M W. Impact of foreign bank entry on the performance of Chinese banks [J]. China and World Economy, 2009, 17: 102 - 121.

[179] Shen C H, Chih H L. Investor protection, prospect theory, and earnings management: An international comparison of the banking industry [J]. Journal of Banking & Finance, 2005, 10: 2675 - 2697.

[180] Shen C H, Liang Q, Hao X C. Determinants of location choice of foreign banks within China: Evidence from cities [J]. China's Emerging Financial Markets: Challenges and Opportunities, 2009, 8: 449 - 474.

[181] Shin J Y, Seo J. Less pay and more sensitivity? Institutional investor heterogeneity and CEO pay [J]. Journal of Management, 2011, 37: 1719 – 1746.

[182] Shin J Y. Essays on the relation between institutional ownership composition and the structure of CEO compensation [R]. United States Wisconsin: The University of Wisconsin-Madison, 2006: 6 – 8.

[183] Shleifer A, Vishny R W. A survey of corporate governance [J]. Journal of Finance, 1997, 52: 737 – 783.

[184] Shleifer A, Vishny R W. Large shareholders and corporate control [J]. Journal of Political Economy, 1986, 94: 461 – 488.

[185] Teoh S H, Welch I, Wong T J. Earnings management and the under-performance of seasoned equity offerings [J]. Journal of Financial Economics, 1998a, 50: 63 – 69.

[186] Teoh S H, Welch I, Wong T J. Earnings management and the long-run market performance of initial public offerings [J]. Journal of Finance, 1998b, 53: 1935 – 1974.

[187] Trueman B, Titman S. An explanation of accounting income smoothing [J]. Journal of Accounting Research, 1988, 26: 127 – 139.

[188] Useem M. Investor capitalism: How money managers are changing the face of corporate America [M]. New York: Basic Books, 1996.

[189] Vroom V H. Work and motivation [M]. New York: Wiley, 1964.

[190] Wahal S, John J M. Do institutional investors exacerbate managerial myopia? [J]. Journal of Corporate Finance, 2000, 6: 307 – 329.

[191] Wahlen J M. The nature of information in commercial bank loan loss disclosures [J]. The Accounting Review, 1994, 69: 455 – 478.

[192] Warfield T D, Wild J J, Wild K L. Managerial ownership, account-ing choices, and informativeness of earnings [J]. Journal of Accounting and Economics, 1995, 20: 61 – 91.

[193] Watts R L, Zimmerman J L. Towards a positive theory of the determi-nation of accounting standards [J]. The Accounting Review, 1978, 53: 112 – 134.

[194] Wu M W, Shen C H, Lu C H, et al. Impact of foreign strategic in-vestors on earnings management of Chinese banks [J]. Emerging Market Trade

and Finance, 2012.

[195] Yeo G H H, Tan P M S, Ho K W, et al. Corporate ownership structure and the informativeness of earnings [J]. Journal of Business Finance & Accounting, 2002, 29: 1023 – 1046.

[196] Yermack D. Do corporations award CEO stock options effectively? [J]. Journal of Financial Economics, 1995, 39: 237 – 269.

[197] Yermack D. Higher market valuation of companies with a small board of directors [J]. Journal of Financial Economics, 1996, 40: 185 – 211.

[198] Zhou J, Chen K Y. Audit committee, board characteristics and earnings management by commercial banks [R]. Working paper, The State University of New York, 2004.